本书获得如下两个项目资助：安徽省高校科研项目–重点项目（项目批准号2023AH050219）；
安徽财经大学校级科研一般项目（项目批准号ACKYC22094）

Research on Endogenous Average Treatment Effect Estimation

内生平均处理效应估计的若干研究

高　扬◎著

经济管理出版社
ECONOMY & MANAGEMENT PUBLISHING HOUSE

图书在版编目（CIP）数据

内生平均处理效应估计的若干研究/高扬著．—北京：经济管理出版社，2023.11
ISBN 978-7-5096-9499-2

Ⅰ.①内…　Ⅱ.①高…　Ⅲ.①计量经济学—研究　Ⅳ.①F224.0

中国国家版本馆 CIP 数据核字(2023)第 235650 号

组稿编辑：申桂萍
责任编辑：范美琴
责任印制：张莉琼
责任校对：陈　颖

出版发行：经济管理出版社
（北京市海淀区北蜂窝 8 号中雅大厦 A 座 11 层　100038）
网　　址：www.E-mp.com.cn
电　　话：（010）51915602
印　　刷：北京晨旭印刷厂
经　　销：新华书店
开　　本：720mm×1000mm/16
印　　张：11.5
字　　数：169 千字
版　　次：2023 年 12 月第 1 版　　2023 年 12 月第 1 次印刷
书　　号：ISBN 978-7-5096-9499-2
定　　价：68.00 元

前　言

在经济学实证研究中，处理效应变量或学者感兴趣的经济变量常常是内生的。工具变量常被用来估计内生处理效应。大量工具变量可以被用来提高工具变量估计量的精确性，但是，弱工具变量的使用会使工具变量估计量存在较大偏误。我们建议用变量选择方法剔除弱工具变量后再估计感兴趣内生变量的最优工具变量，甚至当潜在工具变量的维度大于样本量时，我们的方法依然有效。

若给定大量潜在控制变量，工具变量满足独立性和排他性约束，传统的方法是采用单选法从大量潜在控制变量中筛选控制变量。然而，结构模型中全部控制变量系数满足 Beta-min 条件的假设通常是不现实的，采用单选法筛选控制变量时一些重要控制变量有可能被遗漏，若遗漏的变量与处理效应变量相关，遗漏变量偏误不可避免地会发生。本书建议采用双选法从大量潜在控制变量中筛选出合适的控制变量。第一步，用变量选择方法筛选出对被解释变量有解释力的控制变量；第二步，筛选出与内生变量相关的控制变量和工具变量；第三步，在结构模型中用上述两步筛选的控制变量并集和内生变量的最优工具变量估计量估计内生处理效应。若第一步中遗漏的重要控制变量在工具变量约简形模型中满足 Beta-min 条件，则这些被遗漏的控制变量就可能被双选法选出来，从而保证工具变量估计量的精确性。本书从以下四个方面开展了具体研究：

首先，存在大量潜在控制变量和工具变量时，本书提出一个双选加工具变量估计量（Double Selection plus Instrumental Variable Estimator，DS-IV）来估计内生平均处理效应。这个新估计量有以下几点优势：第一，用大量工具变量解决由于重要控制变量缺失或者样本选择等造成的处理效应变量内生性问题；第二，由于单选法不完美模型选择会遗漏重要的控制变量，本书采用双选法发现额外重要的控制变量，以得到内生平均处理效应的相合估计量；第三，证明了 DS-IV 估计量是 $\sqrt{n}$ 相合的和渐近正态的，若结构模型随机扰动项是条件同方差的，DS-IV 达到半参效率边界。数值模拟结果显示，相较于其他相关估计量的偏误和均方误，DS-IV 估计量的表现更好。受理上诉法庭保护私有者土地权益的判决对房价影响的实证研究进一步验证了 DS-IV 估计量的有用性。

其次，政策评估中内生处理效应变量经常是二元的。鉴于处理效应变量的二元属性和工具变量的维度，本书用带惩罚的 Logistic 约简形模型估计二元内生处理效应变量的最优工具变量；由于单选法不完美模型选择会遗漏重要控制变量，双选法被用来从大量潜在控制变量中筛选出合适的控制变量。由此，本书得到一个双选加 Logistic 回归工具变量估计量（Double Selection plus Logistic Regression Instrumental Variable Estimator，DS-LIVE）来估计二元内生平均处理效应，证明了 DS-LIVE 估计量是 $\sqrt{n}$ 相合的和渐近正态的。数值模拟显示，相较于其他估计量，DS-LIVE 估计量的偏误和均方误差更小。

再次，本书提出一种非参方式即 Logistic 可加约简形模型来更好地近似二元内生处理效应变量的最优工具变量。当工具变量维度大于样本量时，适应性 group Lasso 被用来剔除弱工具变量，并且得到二元内生处理效应变量最优工具变量估计量；双选法被用来从大量潜在控制变量中筛选出重要的控制变量，其可以很好地解决单选法不完美模型选择遗漏重要的控制变量问题。由此，本书得到一个双选加 Logistic 可加工具变量估计量（Double Selection plus Logistic Additive Instrumental Variable Estimator，DS-LAIVE）来估计二元内生平均处理效应，证明了 DS-LAIVE 估计量是 $\sqrt{n}$ 相合的和渐近正态的。数值模拟研究表明：相较于其他估计量的偏误和均方误差，DS-LAIVE 的更小。实证研究发现，家到最近医疗点的距离对人的身体健康状态有非线性影响，双选方法得到额外重要的控制变量。

最后，当潜在控制变量和工具变量有很多甚至是高维的并且内生变量是有序的，本书提出一个双选加比例优势模型回归工具变量估计量（Double Selection plus Proportional Odds Instrumental Variable Estimator，DS-POIVE）来估计感兴趣内生变量的系数。本书用 Lasso 剔除弱工具变量后，比例优势模型被用来估计内生有序变量的最优工具变量，并且用双选法从大量潜在控制变量中筛选出合适的控制变量，双选法可以很好地解决单选法不完美模型选择带来的遗漏变量偏误问题，证明了 DS-POIVE 估计量是 $\sqrt{n}$ 相合的和渐近正态的。数值模拟研究发现，与其他估计量的偏误和均方误相比，DS-POIVE 的更小。本书用 DS-POIVE 方法估计了父母身体健康水平对儿童教育的影响，研究发现了更有力的证据支持父母身体的不健康水平对儿童教育的负面影响。

目 录

1　导论

1.1　研究背景

经济学家常常对一些经济政策对目标变量的因果效应或处理效应很感兴趣，如医保支付方式改革对医疗支出费用变化的因果效应，个体社会资本对职业收入的因果效应等。处理效应可分为平均处理效应、局部平均处理效应、分位数处理效应等。本书中我们关注的平均处理效应是个体接受处理时的结果与个体不接受处理时的结果差的均值。正确估计处理效应可以为经济学研究和经济实践活动带来诸多好处：首先，正确的处理效应估计可以帮助我们从经济变量相关性中认识内在的经济规律；其次，处理效应估计方法可以被用来评估一些经济政策的实际效果，帮助经济政策制定者全面客观认识自己的决策。

多年来，已经发展出了多种估计处理效应的方法，其中用面板数据估计处理效应的方法有双重差分（Difference in Difference，DID）法、合成控制方法，用横截面数据估计处理效应的方法有断点回归（Regression Discontinuity Design，RDD）法、匹配（Matching）法。这些处理效应识别策略的共同点是使观测研究近似于随机化实验。这也就引出了处理效应的基本识别条件：条件均值独立假设（Conditional Mean Independence）或者无混淆分配假设（Unconfoundedness），计量经济学也称之为根据观测变量进行的选择（Selection on Observables），其大致意思是给定可观测的协变量，干预的分配近似于随机化。

然而，经济学研究中感兴趣变量的测量误差、互为因果，以及由于收集数据的成本问题、数据涉及隐私造成的数据缺失等现象不可避免地会发生，这些现象会导致处理效应变量是内生的，即无混淆分配假设不成立。此时，处理效应的普通最小二乘估计量是有偏的和不相合的。为了得到处理效应的精确估计量，处理效应变量的内生性是实证经济学家必须要解决的一个问题。

内生性问题的处理方法有工具变量法（Instrumental Variable，IV）、两阶段最小二乘法（2 Stage Least Square，2SLS）、广义距估计法（Generalized Method of Moment，GMM）。有效的工具变量应该满足三个条件：第一，工具变量与内生变量相关（相关性假设）；第二，给定合适的控制变量，工具变量与潜在结果独立（独立性假设）；第三，给定控制变量，工具变量对被解释变量没有直接影响。但是，实际操作中寻找同时满足上面三个条件的工具变量是极具挑战的工作。因此，大量的原始工具变量、这些原始工具变量的交互项和它们的函数形式转换被用来提高工具变量估计量的精确性。但是，弱工具变量或许多工具变量的使用会给 2SLS 工具变量估计量带来一些问题：当样本量增加时工具变量个数也线性增加，此时 2SLS 第一阶段系数估计量极易不相合；衡量工具变量强弱的指标即集中参数与工具变量个数的比值较小，因此 2SLS 估计量有较大的有限样本偏误；当工具变量（IV）与内生变量不相关或微弱相关时，2SLS 估计量的标准误变大；变量显著性 t 检验接受原假设的概率变大，统计推断结果不可靠；AR 检验拓展到许多工具变量情形时存在诸多问题，如其渐近卡方分布的自由度太大，无法得到工具变量与随机扰动项乘积的方差协方差矩阵的相合估计量等；过度识别检验的卡方统计量自由度太大；当控制变量或（和）工具变量有很多时，检验变量内生性的传统 Hausman 检验计算普通最小二乘估计量和两阶段最小二乘估计量的算法也会遇到问题；等等。总之，弱工具变量和许多工具变量给传统工具变量估计和检验方法带来的挑战和问题驱使我们寻找合适的方法加以解决。

当大规模微观数据集越来越容易得到，经济学实证研究中含有大量潜在控制变量的结构模型也随之出现。另外，控制变量的函数形式也是未知的，通常的做法是用原始控制变量、这些变量的交互项和函数形式转换来逼近未知的函数。给定许多甚至是高维控制变量，工具变量满足独立性和排他性约束，如何从许多潜在控制变量中选择（构造）合适的控制变量（辅助变量）是一个亟待解决的问题。其解决方法之一是假定控制变量是稀疏的，然后从大量控制变量中筛选出有效的控制变量。经济学实证研究者往往根据经济直觉从大量潜在变量中筛选控制变量。例如，Donohue Ⅲ和 Levitt（2001）研究堕胎对犯罪率的影响时，用先验敏感分析从大量法律和经济变量中筛选出控制变量，但缺乏一个明确的、可靠的准则指导他们判断哪些控制变量应该包含在结构模型中。在实际操作中，若用变量选择方法选择控制变量，模型选择偏差不可避免地会发生。不完美模型选择可分为过拟合和欠拟合。过拟合的意思是没有解释力的变量却被选择，模型选择使这些多选的变量会和误差项相关，造成一种“内生性偏误”；相反，欠拟合是有解释力的变量被遗漏了，这会造成遗漏变量偏误。欠拟合和过拟合会影响模型选择后处理效应的估计，因此精确的处理效应估计需要驱使我们寻找恰当的方法处理这两个模型选择问题。第二种解决方法是从许多控制变量中构造出合适的辅助变量代替原始许多控制变量。

1.2 研究问题、意义和创新

1.2.1 研究问题

大规模数据集的出现使得用大量潜在工具变量和控制变量估计内生处理效应成为可能，同时大量潜在控制变量和工具变量也给已有的内生处理效应估计和推断方法带来了挑战。为了解决这个问题，本书从下面四个方面开展了具体研究：

第一，存在许多甚至是高维控制变量和工具变量时内生处理效应估计问题。在用观测数据进行政策评估时，处理对象常常是非随机分配干预的，造成处理效应变量是内生的。工具变量常被用于估计内生处理效应。许多工具变量的使用可以提高估计量的精确性，但是弱工具变量的使用使得工具变量估计量是有偏的，因此，本书采用变量选择方法来筛选出合适的工具变量以提高工具变量估计量的准确性。若给定大量潜在控制变量，工具变量满足独立性和排他性约束，而许多控制变量的使用会给已有的内生处理效应估计和推断方法带来挑战。若大量控制变量满足稀疏性假设，双选法被用来从大量潜在控制变量中筛选出合适的控制变量，双选法可以避免单选法筛选控制变量时不完美模型选择带来的遗漏变量偏误问题。

第二，存在许多甚至是高维控制变量和工具变量时二元内生处理效应的估计问题。传统两阶段最小二乘法的线性工具变量约简形模型假设使得其对二元内生处理效应变量最优工具变量的预测大于 1 或小于 0，这造成二元内生处理效应的 TSLS 估计量方差较大。鉴于此，我们用 Logistic 约简形模型建立二元内生处理效应变量和工具变量之间的函数关系，该约简形模型可以反映二元内生处理效应变量最优工具变量的概率属性，从而提高二元内生处理效应工具变量估计量的效率；同时，为了解决弱工具变量的使用给工具变量估计量带来的偏误，变量选择方法被用来从大量潜在工具变量中筛选出合适的工具变量。给定许多甚至是高维控制变量，潜在工具变量满足独立性和排他性约束，为了剔除大量潜在控制变量中的无关变量，双选法被用来从大量控制变量中筛选出合适的控制变量，双选法可以避免单选法不完美模型选择带来的遗漏变量偏误问题。

第三，大量潜在工具变量对二元内生处理效应变量有非线性作用，并且存在许多潜在控制变量时二元内生处理效应的估计问题。大量潜在工具变量中弱工具变量的使用使得工具变量估计量偏误较大，同时，传统的 Logistic 约简形模型无法捕捉到工具变量对二元内生处理效应变量的非线性影响，导致二元内生处理效应的工具变量估计量方差较大。针对这种情况，本书采用 Logistic 可加约简形模型建立二元内生处理效应变量和工具变量之间的函数关系，适应性组 Lasso 被用来剔除弱工具变量并计算得到二元内生处理效应变量最优工具变量的估计量。给定许多甚至是高维控制变量，潜在工具变量满足独立性和排他性约束，为了解决大量潜在控制变量给传统方法带来的困难，双选法被用来从许多控制变量中筛选出合适控制变量，双选法可以减轻单选法不完美模型选择带来的偏误问题。

第四，存在大量潜在工具变量和控制变量时内生有序变量系数的估计问题。传统的工具变量估计方法用线性约简形模型估计内生变量的最优工具变量，忽略了内生变量的有序属性，使得工具变量估计量存在效率损失。我们用比例优势模型来建立内生有序变量和工具变量之间的函数关系，该约简形模型可以很好地刻画内生变量的有序属性，从而更好地估计内生有序变量的最优工具变量。给定大量潜在控制变量，工具变量满足独立性和排他性约束，传统的单选法容易遗漏重要控制变量，我们用双选法从大量潜在控制变量中筛选出合适的控制变量，从而减轻单选法的遗漏变量偏误问题。

1.2.2 研究意义

存在许多控制变量和工具变量时，本书提出如下方法估计内生处理效应：分别用 Post-Lasso 估计连续型内生处理效应变量的最优工具变量，用 Logistic 约简形模型估计二元内生处理效应变量的最优工具变量，Logistic 可加约简形模型可被用来捕捉二元内生处理效应变量最优工具变量的更多信息，用比例优势模型估计内生有序变量的最优工具变量。给定大量潜在控制变量，工具变量满足独立性和排他性约束，本书用双选法筛选控制变量，避免了单选法不完美模型选择带来的遗漏变量偏误问题，证明了本书提出估计量的大样本性质，并应用上述估计方法进行了数值模拟、实证研究。本书相关研究的理论意义和现实意义如下：

（1）理论意义：我们提出的含有大量潜在控制变量的内生处理效应估计方法是对现有处理效应估计方法的拓展，拓展了 Belloni 等（2012）、Belloni 等（2014）、Fan 和 Zhong（2018）等。Belloni 等（2012）与 Fan 和 Zhong（2018）假设给定有效的控制变量，工具变量满足有效性约束，本书进一步研究了给定大量潜在控制变量下工具变量满足有效性约束的问题；当处理效应变量是内生的时，Belloni 等（2014）提出的估计量是有偏的，本书用大量潜在工具变量解决处理效应变量的内生性问题。

（2）现实意义：本书针对内生处理效应估计的创新性研究，对准确揭示变量之间的因果关系、降低估计量的误差等方面有重要的借鉴意义。

1.2.3 研究创新

大规模数据集的出现使得用大量潜在工具变量和控制变量估计内生处理效应成为可能，但是相关研究还比较少，本书从以下几个方面开展了创新研究：

首先，本书提出了用 DS-IV 方法解决存在许多潜在工具变量和控制变量时内生处理效应的估计问题。Abadie（2003）和 Frölich（2007）考虑了存在控制变量时用工具变量估计内生处理效应的问题，但是，他们假设工具变量和控制变量都是已知有效的。存在大量潜在工具变量时，Belloni 等（2012）提出用 Post-Lasso 估计内生变量的最优工具变量，但是该研究假设给定已知有效的控制变量，工具变量满足排他性和独立性；若给定许多潜在控制变量，工具变量满足独立性和排他性，则 Belloni 等（2012）提出的估计量表现不好。Belloni 等（2014）解决了估计外生处理效应时大量潜在控制变量的筛选问题，但是若感兴趣的变量是内生的，则该研究提出的双选估计量有较大偏误。我们的方法是对 Belloni 等（2012，2014）研究的拓展。给定大量控制变量，工具变量满足独立性和排他性约束时，本书提出内生处理效应的 DS-IV 估计量既避免了选择控制变量时单选法不完美模型选择带来的遗漏变量偏误，又解决了用大量潜在工具变量估计内生处理效应变量最优工具变量的问题。本书证明得到 DS-IV 估计量是 $\sqrt{n}$ 相合的和渐近正态的；数值模拟结果显示，和其他工具变量估计量相比，DS-IV 的偏误均值和均方误差较小；DS-IV 方法被应用于估计受理上诉法庭保护私有者土地权益的判决对房价的影响，也验证了 DS-IV 方法的优点。Chernozhukov 等（2015）提出，在存在许多工具变量和控制变量时，用 Neyman 正交距条件估计感兴趣变量的系数，但是在部分线性模型中或工具变量存在非线性作用时，Neyman 正交距条件不存在。

其次，本书提出了用 DS-LIVE 方法解决存在许多工具变量和控制变量时二元内生处理效应的估计问题。不同于传统两阶段最小二乘法第一阶段的做法，我们用 Logistic 约简形模型估计二元内生处理效应变量的最优工具变量，该最优工具变量估计量反映了二元内生处理效应变量最优工具变量的概率属性（Zhong 等，2021），因而使得二元内生处理效应估计量的渐近方差最小。变量选择方法被用来剔除弱工具变量（Belloni 等，2012）。给定许多控制变量，工具变量满足独立性和排他性约束（Abadie，2003），Belloni 等（2014）提出的双选法被用来筛选出合适的控制变量，从理论上证明了 DS-LIVE 估计量是 $\sqrt{n}$ 相合的和渐近正态的。数值模拟结果显示，DS-LIVE 估计量有更小的偏误和均方误差。

再次，本书提出了用 DS-LAIVE 方法解决存在许多潜在工具变量和控制变量时二元内生处理效应的估计问题及捕捉工具变量的非线性作用。Fan 和 Zhong（2018）指出，当工具变量存在非线性作用时，非参可加约简形模型可以提高工具变量估计量的效率。但是，当内生变量是二元的，Fan 和 Zhong（2018）提出的估计量方差较大。为了捕捉到工具变量的非线性作用，本书用 Logistic 可加约简形模型建立二元内生处理效应变量和工具变量之间的函数关系，适应性 group Lasso 被用来剔除弱工具变量。同时，给定许多潜在控制变量，工具变量满足独立性和排他性约束（Abadie，2003），Belloni 等（2014）提出的双选方法被用来筛选出合适的控制变量。但是，若感兴趣的变量是内生的，Belloni 等（2014）提出的双选估计量是有偏的。本书证明了 DS-LAIVE 估计量是 $\sqrt{n}$ 相合的和渐近正态的，蒙特卡洛模拟结果显示：和其他估计量相比，DS-LAIVE 有更小的偏误和均方误差。DS-LAIVE 估计发现了更有利的证据支持身体健康状态对收入的影响。

最后，本书提出用 DS-POIVE 估计量解决存在大量潜在工具变量和控制变量时内生有序变量系数的估计问题。Belloni 等（2012）提出的用大量潜在工具变量估计内生变量系数的 Post-Lasso 方法忽略了内生变量的有序属性。与 Belloni 等（2012）的研究不同，本书用比例优势模型建立内生有序变量和工具变量之间的函数关系，比例优势模型能够反映内生变量的有序属性，由此得到的最优工具变量估计量可使内生有序变量系数估计量的渐近方差最小。给定大量潜在控制变量，工具变量满足独立性和排他性约束，Belloni 等（2014）

提出的双选法被用来从大量潜在控制变量中筛选出合适的控制变量，双选法可以减轻单选法不完美模型选择带来的遗漏变量问题，证明了 DS-POIVE 估计量是 $\sqrt{n}$ 相合的和渐近正态的。数值模拟发现，相较于其他估计量的偏误和均方误差，DS-POIVE 的更小。DS-POIVE 估计量也发现了更有力的证据支持父母身体健康状态对字词测试得分和数学测试得分的影响。

1.3 本书研究结构

本书研究结构如图 1.1 所示。

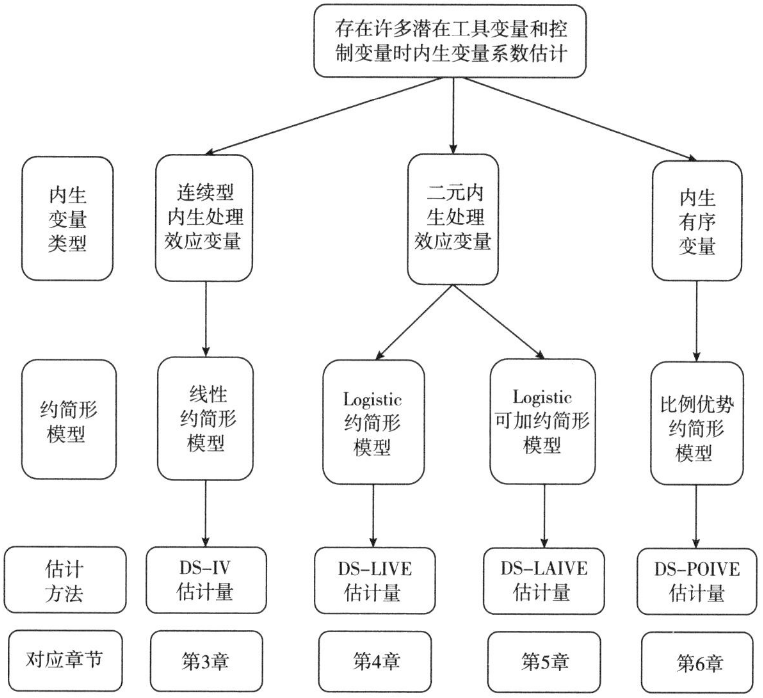

图 1.1　本书研究结构

本书由七章组成，具体安排如下：

第 1 章为导论，详细介绍了本书的研究背景，明确指出了本书的主要研究问题，详尽阐述了本书的研究意义，归纳总结了本书研究的创新点，并且介绍了本书的结构安排。

第 2 章为文献综述，这部分主要对内生处理效应的估计方法、存在大量潜在控制变量时感兴趣变量系数的估计及存在许多工具变量或弱工具变量时内生变量系数的估计和推断三个方面的研究文献进行了系统梳理。首先，本部分介绍了内生处理效应的估计方法。其次，介绍存在大量潜在控制变量时感兴趣变量系数估计存在的欠拟合偏误和过拟合偏误问题及相应的结构模型系数估计方法。最后，介绍了弱工具变量或许多工具变量给传统的两阶段最小二乘估计量的偏误、均方误和系数显著性的 t 检验、变量内生性检验、弱识别检验、过度识别检验等带来的问题，并系统地回顾了相应的解决方法。

第 3 章介绍了存在许多工具变量和控制变量时估计内生处理效应的 DS-IV 估计量，指出给定许多潜在控制变量、工具变量满足独立性和排他性约束时，双选法在选择重要控制变量方面所起的作用，及相较于双选法，单选法在选择控制变量方面存在的不足，证明得到 DS-IV 估计量的理论性质，并用数值模拟分析 DS-IV 估计量的有限样本性质，用 Belloni 等（2012）的数据验证 DS-IV 方法的有用性。

第 4 章重点介绍了存在许多工具变量和控制变量时估计二元内生处理效应的 DS-LIVE 估计量，并详细指出了用 Logistic 约简形模型估计二元内生变量最优工具变量和双选方法筛选控制变量的具体思路，接着，给出了 DS-LIVE 估计量的大样本性质和由蒙特卡洛模拟得到的有限样本性质。

第 5 章着重介绍了存在许多工具变量和控制变量时二元内生处理效应的 DS-LAIVE 估计量，指出了用 Logistic 可加模型估计二元内生处理效应变量最优工具变量的动机和具体操作步骤，以及用双选方法筛选控制变量的做法，证明得到了 DS-LAIVE 的理论性质，并用数值模拟分析 DS-LAIVE 估计量的有限样本性质，然后用 DS-LAIVE 方法实证分析了身体健康状态对收入的影响。

第 6 章介绍了存在许多潜在工具变量和控制变量时内生有序变量系数的 DS-POIVE 估计量。给出了采用比例优势模型估计内生有序变量最优工具变量的动机和双选法在筛选控制变量方面的优越性。证明了 DS-POIVE 的渐近性质，数值模拟分析了 DS-POIVE 的有限样本性质，并用 DS-POIVE 估计量实证分析了父母身体健康状态对字词测试得分和数学测试得分的影响。

第 7 章为结论与研究展望。

2 文献综述

本章由五部分组成：第一，本章梳理了文献中估计内生处理效应的方法，并且分析了各种方法的优点和缺点；第二，指出了存在大量潜在控制变量时估计感兴趣的变量系数存在的不完美模型选择问题，并且详细介绍了现有文献处理不完美模型选择问题的方法，比较分析了各种方法的优缺点；第三，介绍了存在弱工具变量或许多工具变量时，用工具变量估计内生变量系数时存在的问题，及各种处理弱工具变量、许多工具变量和筛选有效工具变量的方法；第四，介绍了时变结构下许多弱工具变量问题；第五，指出了有待进一步研究之处。

2.1 估计内生处理效应的方法

经济学实证研究中，感兴趣变量或政策变量常常是内生的。此时，Angrist 和 Imbens（1996）提出用工具变量估计得到局部平均处理效应。他们假设工具变量满足独立性假设、排他性假设和单调性假设。但是，他们没有考虑控制变量在保证工具变量满足有效性方面起的作用。Abadie（2003）考虑了存在控制变量时，用工具变量估计局部平均处理效应的问题。Frölich（2007）研究了存在控制变量时，用非参工具变量法估计局部平均处理效应的问题，他们提出用非参方法估计条件均值函数，从而避免了用参数或半参方法估计条件均值函数时对条件均值函数形式的设定。但是，Abadie（2003）和 Frölich（2007）都假设给定已知有效的控制变量，工具变量满足排他性、独立性和单调性。若给定很多甚至是高维的控制变量，工具变量满足有效性，而且不知道哪一些控制变量是有效的，此时 Abadie（2003）和 Frölich（2007）的方法表现不好甚至失效。若估计局部平均处理效应时使用的工具变量为弱工具变量，Abadie（2003）和 Frölich（2007）的方法也失效。因此，当存在许多甚至高维控制变量和弱工具变量时，内生处理效应的估计问题有待进一步研究。

Chernozhukov 等（2015）研究了存在许多控制变量和工具变量时用 Neyman 正交距条件估计感兴趣的模型系数，他们指出 Neyman 正交距条件可以克服不完美模型选择带来的偏误问题。然而，为了构造 Neyman 正交距条件，他们需要假设工具变量和控制变量之间的函数关系，而且需要假设内生变量和工具变量之间的线性约简形模型函数关系。若内生变量和工具变量之间的非线性约简形模型函数关系成立，则他们的方法失效。除了解决不完美模型选择带来偏误问题的 Neyman 正交距条件外，可以起到相似作用的方法还有：Belloni 等（2014）提出的双选法可以解决单选法筛选控制变量时的不完美模型选择问题。Belloni 等（2012）提出用许多潜在工具变量估计内生变量系数的 Post-Lasso 方法，Post-Lasso 方法的优势之一是用变量选择方法筛选工具变量时，尽管工具变量筛选存在不完美模型选择，仍然可以得到相合且服从渐近正态分布的工具变量估计量。

Ogburn 等（2015）提出了局部平均处理效应的一个双重稳健估计量，他们假设给定高维控制变量，工具变量满足随机分配干预，只要给定控制变量，工具变量等于1的概率或者给定工具变量和控制变量，条件均值函数是正确设定的，该局部平均处理效应的双重稳健估计量就是相合的和渐近正态的。但是，若工具变量为弱工具变量，则 Ogburn 等（2015）估计的局部平均处理效应有较大的偏误。Chernozhukov 等（2018）提出当给定高维控制变量，工具变量满足独立性、排他性和单调性时，用 Neyman 正交距条件估计局部平均处理效应，他们的方法可以解决用机器学习方法处理高维控制变量时相应的正则偏误和过拟合偏误造成的感兴趣系数估计量的有偏问题。但是，若工具变量是弱工具变量，则 Chernozhukov 等（2018）估计的局部平均处理效应偏误较大。Belloni 等（2018）考虑当给定高维控制变量，工具变量满足有效性时，用工具变量估计局部分位数处理效应，但是，Belloni 等（2018）忽略了用弱工具变量估计局部分位数处理效应时存在的问题。

上述文献的假设多是：给定已知有效的控制变量或高维控制变量，工具变量满足排他性和独立性，并且工具变量和内生变量相关。此时，若存在弱工具变量，则上述文献提出的估计量有较大偏误。给定许多甚至是高维控制变量，工具变量满足有效性，并且存在弱工具变量时，内生处理效应估计方面的文献还较少。而只有在内生变量和工具变量之间存在线性约简形函数关系且对控制变量和工具变量之间函数关系做出设定时，Chernozhukov 等（2015）提出的方法才有效。

在信息化、共享经济、大数据时代，数据已成为重要的生产要素。数字技术逐渐渗透到生产、流通、销售、融资等各个经济环节，促进了产业的变革和升级。数字经济在激发消费、拉动投资、创造就业、增强创新力与竞争力等方面发挥了重要作用。随着中国经济进入新常态，数字经济将成为推动中国经济转型升级的重要依托。已有一些研究实证评估了数字经济或数字金融在促进创业、提升全要素生产率、加深多维贫困、促进经济增长、增加居民消费、提升城市创新水平等方面的作用。实证分析数字经济对经济各领域发展的因果效应时，由于数字金融或数字经济与感兴趣的经济变量如创业、贫困等存在互为因果关系，或可能会遗漏一些既影响数字金融或数字经济又影响目标变量的因素如不可观测的不同家庭对新生事物或风险的接受程度，因此在相应的实证模型中感兴趣的数字经济发展水平指标或数字普惠金融指数常常是内生的。此时，若忽略数字经济发展水平指标的内生性问题，我们将无法准确地评估数字经济对经济发展的因果效应。

在经济学和管理学实证研究中，研究者经常关注处理变量对目标变量的因果效应。处理效应的估计方法可以分为两类：基于实验数据的方法和基于观测数据的方法。与基于实验数据的研究不同，在基于观测数据的研究中，处理变量常常是非随机分配干预的。此时，各种准实验方法被用来估计处理效应，准实验方法认为给定合适的控制变量后，处理变量满足随机分配干预（Belloni等，2014）。然而，观测性研究总是存在一些混杂因素不可被观测，忽略这些与处理变量和目标变量相关的混杂因素会造成处理效应变量是内生的。同样地，样本选择或数据缺失也会造成因果推断出现偏误。例如，Angrist 和 Krueger（1991）研究接受中学教育对收入的影响，由于一些不可观测的家庭背景和社会背景因素既影响教育又影响收入，造成是否完成中学教育变量是内生的。忽略处理变量内生性而得到的处理效应估计量是有偏的。工具变量法可被用来得到内生处理效应的相合估计量。有效的工具变量应该满足：①相关性约束，即工具变量与内生处理效应变量相关。②排他性约束，即给定合适的控制变量，工具变量对被解释变量没有直接影响。③独立性约束，即给定合适的控制变量，工具变量满足随机分配干预，即工具变量与潜在结果独立（Abadie，2003；Frölich，2007）。Angrist 等（1996）研究了用工具变量估计内生处理效应的问题。但是，他们的模型不存在控制变量。由于 Joshua Angrist 和 Guido Imbens 在内生处理效应估计方面的突出贡献，他们获得了 2021 年诺贝尔经济学奖。Abadie（2003）和Frölich（2007）考虑了存在控制变量时内生处理效应的估计问题，对Angrist等（1996）进行了拓展研究。Belloni等（2018）考虑了在一个含有大量潜在控制变量的内生处理效应模型中用工具变量估计局部分位数处理效应的问题，但是，他们忽略了弱工具变量的使用给局部分位数处理效应的估计带来的问题。由于经济学和管理学等相关领域的政策项目重复实验的成本极高，内生处理效应的评估问题相当普遍。内生处理效应的估计一直是计量经济学和相关应用领域科学研究的热点和难点。

用工具变量估计内生处理效应时，研究者面临的一个问题是应该控制哪些合适的混杂因素以使工具变量是外生的说法更加合理（Chernozhukov等，2015；Belloni等，2018）。潜在控制变量的维度可以很大，甚至大于样本量。这些潜在控制变量可以是原始控制变量、它们的交互项和其他函数形式转换。此时，已有文献通常假设大量潜在控制变量满足稀疏性，然后用变量选择方法从大量潜在控制变量中筛选出合适的控制变量。但是，模型选择时冗余参数的估计会对感兴趣系数的估计和推断产生重要影响。当控制变量系数不满足"beta-min"条件时，用单选法筛选控制变量时一部分重要控制变量可能会被遗漏，若遗漏的控制变量与处理效应变量相关，则遗漏变量偏误不可避免地会发生。

一些模型选择后，感兴趣系数的估计和推断方法相继被提出。Belloni等（2010，2012）提出用Neyman正交距条件估计感兴趣的变量系数，该正交距条件对冗余参数围绕其真实值的微小变化不敏感。因此，即便控制变量选取时存在不完美模型选择，Neyman正交距条件方法仍然可以得到感兴趣变量系数的有效估计和推断。Belloni等（2014）研究了含有大量潜在控制变量的部分线性模型中外生平均处理效应的估计问题，他们提出用双选法克服单选法遗漏重要控制变量的问题，并且指出双选方法可以达到Neyman正交距条件相同的效果。双选法估计外生处理效应的步骤为：第一步，用变量选择方法筛选出对被解释变量有解释力的控制变量；第二步，筛选出与处理效应变量相关的控制变量；第三步，用上述两步筛选的控制变量并集估计处理效应。若第一步中遗漏的重要控制变量在约简形模型中满足“Beta-min”条件，则这些被遗漏的控制变量就可能被双选法选出来，从而保证估计量的精确性。但是，若处理效应变量是内生的，Belloni 等（2014）提出的双选估计量是有偏的。Chernozhukov 等（2015）研究了含有大量潜在控制变量的结构模型中用高维工具变量估计内生变量系数的问题，提出用 Neyman 正交距条件估计感兴趣内生变量的系数。若处理效应变量是内生的，Belloni 等（2014）提出的双选估计量就无法实现 Chernozhukov 等（2015）提出的正交距估计的效果。

用工具变量估计内生处理效应时，许多工具变量如原始工具变量、他们的交互项和其他函数形式转换等可被用来提高工具变量估计量的效率。但是，许多工具变量的使用会使得工具变量估计量有不好的性质（Hansen 和 Kozbur，2014；Chao 和 Swanson，2005）。首先，当工具变量个数增加时，衡量工具变量强弱的集中参数与工具变量个数的比值反而减小，则两阶段最小二乘估计量（Two Stage Least Square，2SLS）的有限样本偏差会变大（Bekker，1994；Newey 和 Smith，2004）。其次，IV 个数随着样本量的增加而变大会使得 2SLS 第一阶段需要估计的参数也增多，这种情况下很难得到工具变量系数的相合估计量。最后，当有许多工具变量时，Sargan 和 Hansen 提出的过度识别约束检验也变得不可靠。因为当工具变量个数增加时，用于过度识别检验的χ^2 分布自由度也变大，导致过度识别检验接受原假设的概率过大。

为了解决许多工具变量的使用给传统工具变量估计方法带来的挑战，许多工具变量稳健估计量相继被提出。Belloni 等（2012）提出用 Lasso 从许多潜在工具变量中筛选出合适的工具变量，然后用筛选得到的工具变量来估计内生变量的最优工具变量，并证明了相应工具变量估计量的渐近正态性。若给定许多潜在控制变量工具变量满足有效性，此时，Belloni 等（2012）提出的估计量表现不好。Hall 等（2007）提出用深度神经网络预测内生处理效应变量的最优工具变量。Fan 和 Zhong（2018）指出，为了捕捉到内生变量最优工具变量的更多信息，一种非参方式即可加的工具变量约简形模型被用来更好地近似连续型内生变量的最优工具变量，当工具变量维度大于样本量时，适应性组 Lasso 被用来剔除弱工具变量。但是，Fan 和 Zhong（2018）没有考虑存在大量甚至是高维潜在控制变量时用高维工具变量估计内生变量系数的问题。

不同于传统的工具变量法，Angrist 和 Kruger（1991）提出了联合不同数据集的距条件来估计感兴趣内生变量系数的两样本工具变量法，但是他们假设感兴趣变量系数不存在子组结构，因此该研究无法得到内生子组处理效应的相合估计。Liang（2019）研究了用广义距估计收缩方法从一些可能误设的距条件中筛选出有效的距条件来估计未知的模型系数，但是该研究假设用一个样本的变量数据就可以构造出有效的距条件，忽略了对样本的一些变量数据可能无法观测情况的讨论。Cai 等（2006）提出用广义距估计的目标函数加一个惩罚项来选择变量并且同时估计模型系数，但是，该研究也是用同一个样本的变量数据构造距条件的。

国内一些学者也开展了用工具变量解决内生性问题的理论和应用方面的研究。王美金和余壮雄（2007）研究了多个工具变量或多个弱工具变量情况下工具变量估计量的大样本性质。胡毅和王美今（2011）研究了最优工具变量的选择。杨继生等（2006）研究了工具变量法面板数据单位根检验的有偏性及其修正。张卫东（2008）研究了线性模型下的测量误差和工具变量法。李坤明和方丽婷（2018）研究了用工具变量法估计空间滞后分位数回归模型的问题。刘汉中（2019）指出在有许多工具变量尤其是弱工具变量的情况下可以用主成分分析法降低工具变量的维度以减少传统两阶段最小二乘法的有限样本偏差。总的来说，在内生性的理论研究方面，中文文献还相对较少。然而，在实证研究方面，内生性问题相当普遍，相关研究也很多。方颖和赵扬（2011）在研究制度对中国经济增长的贡献时提出用中国1919年基督教教会初级小学的注册学生人数作为制度的工具变量。钱海章等（2020）在研究数字金融对促进经济增长的作用时建议用1984年各省份固定电话数与人均邮电业务量作为数字经济的工具变量。

传统因果推断文献认为，对于所有个体来说，处理效应是相同的。但是，个体可能存在子组结构，处理效应会随着子组的变化而变化，这也被称为子组处理效应（Subgroup Specific Treatment Effect）。例如，Chen（2015）指出，基于性别与幼儿园数学成绩的交互项，特殊教育项目对五年级数学成绩的影响可以分为四个子组。Moon等（2018）研究了在一个含有子组截距的回归模型中用一个带凹的和成对融合惩罚项的目标函数识别子组结构的问题。但是，他们忽略了对子组处理效应估计问题的讨论。Moon等（2018）提出用Fused Lasso估计子组处理效应。但是，他们假设处理效应变量是外生的，忽略了内生子组处理效应的估计问题。若处理效应变量是内生的，则他们得到的子组处理效应估计量是有偏的。

内生子组处理效应研究的理论意义为：首先，当处理效应存在子组结构信息时，Ma和Huang（2020）提出用Fused Lasso来估计子组处理效应。但是，用观测数据评估因果效应时，由于一些重要控制变量不可观测或样本选择等，处理变量常常是内生的。此时，Ma和Huang（2020）得到的内生子组处理效应估计量是有偏的。本书建议用工具变量法解决处理变量的内生性问题，然后用Fused Lasso识别和估计内生子组处理效应。其次，传统内生处理效应估计方法忽略了处理效应子组结构，本书提出的方法可以识别内生处理效应的子组结构信息。最后，传统子组分析方法如有限混合模型等需要子组处理效应数量和结构的先验信息，本书提出的内生子组处理效应估计方法可以自动识别出内生处理效应子组的数量和结构。

内生子组处理效应研究的实际应用价值为：首先，本书提出的内生子组处理效应估计方法有助于精准施策。当处理效应存在子组结构时，平均处理效应具有误导性。平均处理效应反映的是因果效应的一种综合度量，政策对一些个体可能有很大收益，对许多个体可能有些微收益，对其他个体可能是负收益，平均处理效应无法反映处理效应的这些异质性。其次，由于解决了处理变量的内生性问题，本书中的方法得到的内生子组处理效应估计有助于更加准确地发现政策的因果效应。最后，本书提出的方法可以自动识别出内生处理效应的子组数量和结构，因此，本书提出的内生子组处理效应估计方法可操作性、可行性很强。

2.2 存在大量潜在控制变量时感兴趣变量系数的估计

2.2.1 基于完美模型选择假设的方法

大量甚至是高维的潜在控制变量给传统方法带来了挑战。此时，基于惩罚的变量选择方法通过最小化如下的目标函数来剔除无关的控制变量：

$$n^{-1}l_n(\beta)-\sum_{j=1}^{p}p_\lambda(|\beta_j|),$$

其中，$l_n(\beta)$是对数似然函数，λ 是调节参数，$p_\lambda(\cdot)$是惩罚项，$p_\lambda(\cdot)$包括 Lasso（Tibshirani，1996）、适应性 Lasso（Zou，2006）、组 Lasso（Yuan 和 Lin，2006）、适应性组 Lasso（Huang 等，2010）、SCAD（Fan 和 Li，2001）等。

完美模型选择意味着模型选择对选择得到的模型系数估计量的渐近分布没

有影响。这样就能够用标准的渐近分布理论对选择得到的模型系数做统计推断。在线性模型中，完美模型选择要求 Beta-min 条件（Bühlmann & Sara，2011）成立，即要求解释变量系数中一部分为 0、剩余部分系数绝对值大于某一个界，这就排除了系数很小却不为 0 的解释变量。但是，在现实应用中，完美模型选择要求的假设条件通常太强。如果保证完美模型选择的假设条件不成立，那么基于这个强假设得到的渐近分布就不能很好地近似估计量的有限样本分布（Leeb 和 Pötscher，2008a，2008b）。

2.2.2 用正交距条件估计感兴趣的变量系数

我们感兴趣的变量系数 $\alpha=\alpha_0$ 是下面距条件的解 $M(\alpha,\ \eta_0)=0$，其中 η 是冗余系数。正交条件是 $\partial_{\eta'}M(\alpha_0,\ \eta_0)=0$，该正交条件是说，距条件 $M(\alpha_0,\ \eta_0)=0$ 对冗余参数围绕其真实值的细小偏离不敏感。Belloni 等（2010）提出用变量选择方法从高维工具变量中剔除弱工具变量，然后对条件同方差结构模型中低维内生变量系数进行推断；他们使用的估计感兴趣变量系数的距条件满足正交条件，即估计感兴趣系数的距条件对工具变量的不完美模型选择不敏感。但是，Belloni 等（2010）给出了较强的假设，即给定已知有效的控制变量，工具变量满足有效性，忽略了对给定大量潜在控制变量时工具变量有效性问题的探讨。Belloni 等（2012）把相似结论推广到非高斯分布和条件异方差的结构模型中。然而，若给定许多潜在控制变量，工具变量才满足有效性，此时 Belloni 等（2012）提出的估计量有较大的偏误。对于有离散的多值干预和高维控制变量的结构模型，Farrel（2015）用对模型选择错误稳健的条件均值函数双重稳健估计量构造平均处理效应的置信区间。若处理效应变量是内生的，Farrel（2015）提出的估计量是有偏的。Belloni 等（2013）提出用满足 Neyman 正交的距条件来估计高维中位数模型的系数。但是，若感兴趣的变量是内生的，则他们提出的估计量表现不好。

2.2.3 双选法（Double-Selection）

Belloni 等（2014）提出在部分线性模型中，若给定高维控制变量，处理效应变量是随机分配干预的，他们提出采用双选方法估计外生平均处理效应。然而，若处理效应变量是内生的，他们提出的双选估计量有较大偏误。Kozbur（2020）把 Belloni 等（2014）的研究拓展到了非参模型中，当可加可分非参模型一个成分的序列展开是高维时，他提出用双选方法得到另一个成分的序列展开估计量。同样地，只有在非参成分是外生的时候，Kozbur（2020）提出的方法才有效。在有高维解释变量的固定效应面板模型中，Belloni 等（2016）提出双选方法可以被用来得到低维解释变量系数的稳健推断。鉴于个体内部数据的相关性，他们建议用 Cluster-Lasso 来筛选变量，并且提出一种用高维工具变量对面板数据模型中内生变量系数进行稳健推断的方法。该方法的核心是用 Cluster-Lasso 把大量工具变量中的弱工具变量剔除后得到面板模型中内生变量的最优工具变量估计量。这是 Belloni 等（2014）向面板模型的拓展。

相较于没有对处理效应变量做调整的一阶段选择方法，Double-Selection 估计量存在效率损失，因为 Double-Selection 用调整后的处理效应变量来估计处理效应，调整后的处理效应变量变异性较小。

Wang 等（2020）提出，虽然 Double-Selection 减少了遗漏变量偏误却无法避免过拟合偏误，并建议用 Projection onto Double-Selection（PODS）来减少过拟合偏误。PODS 是通过减少选择与处理效应变量伪相关的控制变量来控制过拟合偏差的。

体现处理效应双选估计量过拟合的项为：

$$b_{n1}=\frac{1}{k_{n1}}\frac{1}{\sqrt{n}}D'(I-P_{\hat{M}_D})\varepsilon+\frac{1}{k_{n1}}\frac{1}{\sqrt{n}}D'(I-P_{\hat{M}_D})X_{\hat{M}_Y}(X'_{\hat{M}_Y}X_{\hat{M}_Y}/n)^{-1}\frac{1}{\sqrt{n}}X'_{\hat{M}_Y}(I-P_{\hat{M}_D})\varepsilon,$$

其中，D 是处理效应变量，X 是控制变量，ε 是随机扰动项，P 是投影矩阵，n 是样本量。从 b_{n1} 可以看出，如果 $\hat{M}_Y$ 中过多选择的变量和处理效应变量 D 不相关，则过拟合偏差将会非常小。

PODS 算法为：第一步，选择对处理效应变量 D 有解释力的控制变量集 $\hat{M}_D$；第二步，把（Y，X）投影到与 D 和 $X_{\hat{M}_D}$ 表示的空间正交的空间，以消除（Y，X）中与 D 伪相关的成分，得到（Y，X）投影后的变量（Y^*，X^*）；第三步，由数据（Y^*，X^*），我们筛选得到额外的控制变量集 $\hat{M}_Y^*$；第四步，Y 对 D 和 $X_{\hat{M}_D \cup \hat{M}_Y^*}$ 回归估计得到处理效应估计量 $\hat{\alpha}$。

虽然 Wang 等（2020）提出的方法解决了过拟合偏误，但是他们假设处理效应变量是外生的；若处理效应变量是内生的，则 PODS 方法估计得到的处理效应是有偏的。

2.2.4 分样本估计

基于数据（Y，D，X）选择得到的模型，普通最小二乘法再次拟合得到的处理效应估计量会存在两种偏误即欠拟合偏误和过拟合偏误。

由数据（Y，D，X）筛选得到模型 $\hat{M}$ 后，普通最小二乘估计量为：

$$(\hat{\alpha}_{ols}, \hat{\beta}'_{ols})' = \arg\min\{\sum_{i=1}^{n}(y_i - \alpha D_i - X'_i\beta)^2 : \beta_{\hat{M}^c} = 0\},$$

$$\sqrt{n}(\hat{\alpha}_{ols} - \alpha) = e'_1\left(\frac{1}{n}Z'_{\hat{M}}Z_{\hat{M}}\right)^{-1}\frac{1}{\sqrt{n}}Z'_{\hat{M}}\varepsilon + \left(\frac{1}{n}D'(I - P_{\hat{M}})D\right)^{-1}\frac{1}{\sqrt{n}}D'(I - P_{\hat{M}})X\beta$$

$$=: b_{n1} + b_{n2},$$

其中，$e_1 = (1, 0, \cdots, 0)$，$Z_{\hat{M}} = (D, X_{\hat{M}})$，$P_{\hat{M}} = X_{\hat{M}}(X'_{\hat{M}}X_{\hat{M}})^{-1}X'_{\hat{M}}$。由于 $Z_{\hat{M}}$ 与 ε 相关，b_{n1} 的期望不为 0，b_{n1} 为过拟合项。b_{n2} 为欠拟合项。

Chernozhukov 等（2018）考虑用分样本法克服部分线性模型估计中存在的过拟合偏误。分样本法的核心思想是把样本分为两部分：一部分样本量为 n_1；

另一部分样本量为 n_2。第一部分样本被用于模型选择；基于选择的模型，用第二部分样本估计模型系数。Robins 等（2017）和 Wager 等（2016）也提出用分样本法估计平均处理效应。Rinaldo 等（2018）提出用分样本法进行去偏推断。分样本法的缺点是只有部分样本被用于估计感兴趣系数，因此不可避免地会损失估计效率。Chernozhukov 等（2018）提出用交叉估计来减少效率损失。Wang 等（2020）提出通过选择较大的模型克服欠拟合偏误和用分样本解决过拟合偏误，并且用类似于 Bagging 方法的重复分样本来减少效率损失。

重复分样本算法为：第一步，把样本量为 n 的样本随机分为容量为 n_1 的一组（标记为 T_1）和容量为 n_2 的一组（标记为 T_2）；第二步，用样本组 T_1 筛选得到对被解释变量有解释力的控制变量集 $\hat{M}_b$；第三步，用样本组 T_2 重新拟合第二步得到的模型，得到处理效应估计量 $\hat{\alpha}_b$；第四步，重复上面三个步骤 B 次，重复分样本估计量为 $\tilde{\alpha}=1/B\sum_{b=1}^{B}\hat{\alpha}_b$。

Wang 等（2020）假设处理效应变量是外生的，通过重复分样本法解决过拟合偏误。然而，若处理效应变量是内生的，则用重复分样本法解决过拟合偏误的效果还有待进一步研究。

2.2.5 主成分法降低控制变量维度

Galbraith 等（2020）提出用主成分法从大量的潜在解释变量中构造出辅助变量来估计含有许多解释变量模型的低维系数。但是，他们假设感兴趣的处理效应变量是外生的，若处理效应变量是内生的，则他们提出的估计量是不相合的。

2.3 弱工具变量、许多工具变量带来的问题及处理方法和检验方法

2.3.1 弱工具变量导致的问题及改进的估计方法

弱工具变量的使用会使得传统的两阶段最小二乘估计量和统计推断存在一些问题。首先，大样本时，两阶段最小二乘估计量是相合的，但是有限样本时其是有偏的。Harding 等（2015）指出，两阶段最小二乘估计量的偏误与测量工具变量强弱的集中参数、工具变量个数之间存在非线性关系。当集中参数趋于 0（工具变量是弱 IV）时，两阶段最小二乘估计量的偏误趋于普通最小二乘估计量的偏误。其次，和使用强工具变量得到的两阶段最小二乘估计量标准误相比，使用弱工具变量得到的估计量标准误较大，使得变量系数显著性 t 检验接受原假设的概率变大，统计推断不可靠。再次，Stock 等（2002）指出集中参数较小时，2SLS 估计量的抽样分布不再是正态分布，因此基于正态分布做的统计推断和估计的置信区间不再可靠；即便当样本量趋于无穷，使用弱工具变量得到的 2SLS 和有限信息极大似然（Limited Information Maximum Likelihood，LIML）估计量也不再是渐近正态的。接着，使用弱工具变量得到的内生变量预测值与其他外生变量有较强的线性相关关系，导致 2SLS 估计量标准误较大。最后，弱工具变量存在时，LIML 比 2SLS 表现稳健；但是，当结构模型随机扰动项服从正态分布时，LIML 和 2SLS 不存在有限样本距，使得相应估计量的偏差较大。

为了解决弱工具变量的使用给 2SLS 和 LIML 带来的不足，一些对弱工具

变量稳健的估计量相继被提出。如 Angrist 和 Krueger（1991）提出了无偏的分样本工具变量估计量（Unbiased Split-sample IV Estimator），Donald 和 Newey（2001）提出偏差调整的 2SLS、刀切工具变量估计量（Jackknife Estimator），Flores（2007）提出自助法偏差修正的 LIML 估计量（Bootstrap Bias-corrected LIML），Altonji 和 Segal（1996）提出独立加权的 IV 估计量（Independently Weighted IV Estimator）。但是，Hahn 等（2004）指出 Full-k 和偏差调整 2SLS 的小样本性质不是很好。Davidson 和 James（2006）指出，与 2SLS 与 JIVE 的中值偏误相比，LIML 的更小。无偏的分样本 IV 估计量和独立加权的 IV 估计量都损失了部分样本的信息，但是，Ziliak（1997）指出，独立加权 IV 估计量的小样本性质比无偏分样本 IV 的好。Flores（2007）指出，当内生变量和随机扰动项的相关性很强或者有很多工具变量时，自助法修正的 LIML 表现不是很好。当工具变量的维度大于样本量且第一阶段是稀疏的，Belloni 等（2012）提出用 Lasso 或者 Post-Lasso 来估计最优工具变量，他们得到的内生变量系数估计量是 $\sqrt{n}$ 相合的和渐近正态的。Belloni 等（2012）假设控制变量都是已知有效的，但是，若给定许多潜在控制变量，工具变量满足独立性、排他性约束，此时，他们提出的估计量表现不好。

2.3.2 许多工具变量带来的问题及处理方法

许多工具变量是指当样本量增加时工具变量个数也线性增加，或者 IV 个数与有限样本量的比值较大。许多工具变量会对 2SLS 的有效性带来一些挑战。首先，当工具变量个数增加时，集中参数与工具变量个数的比值反而减小，则 2SLS 的有限样本偏差会变大（Bekker，1994；Newey 和 Smith，2004）；其次，IV 个数随着样本量的增加而变大会使得 2SLS 第一阶段需要估计的参数也增多，这种情况下很难得到工具变量系数的相合估计量。当有许多工具变量时，

Sargan（1958）提出的过度识别约束检验也变得不可靠。因为当工具变量个数增加时，用于过度识别检验的χ^2分布自由度也变大，导致过度识别检验接受原假设的概率过大。

下面四种方法可被用来克服许多工具变量给估计和检验带来的问题：

第一种，基于某种准则去除一部分工具变量。Donald 和 Newey（2001）提出，最优的工具变量集应该使得工具变量估计量的渐近均方误差最小。但是该方法要求事先知道所有工具变量的强弱顺序，否则筛选出的工具变量集不唯一。Small（2002）以赤池信息准则最小化为准则来选择工具变量。Kapetanios（2006）提出了非标准的最优算法选择工具变量，但是该最优算法计算成本很高。总之，这一类方法会丢弃一部分工具变量，导致 2SLS 估计量的标准误较大。

第二种，缩减 2SLS 中第一阶段系数估计量。Okui（2011）指出，缩减工具变量的系数估计而得到的内生变量最优工具变量估计量可以使得 2SLS 估计量的有限样本偏差变小，并且不舍弃任何一个工具变量。Carrasco 和 Tchuente（2015）应用缩减法处理了用许多弱工具变量估计内生变量系数的问题。但是该方法要求预先知道一个全部为强工具变量的集合。

第三种，Carrasco（2012）提出通过用正则方法计算工具变量方差协方差矩阵的逆来确保 2SLS 系数估计量的质量和矩阵逆的可计算性，他们使用的正则化方法包括岭回归、Landweber-Fridman 迭代法、主成分法和谱截断。但是该方法要求工具变量之间足够相关，并且不存在弱工具变量。

第四种，Bai 和 Ng（2010）提出用因子分析法找到许多工具变量的潜在因子，这些因子可作为新的工具变量集。但是该方法可以应用的前提是工具变量之间存在潜在的因子结构。Kapetanios 和 Marcellino（2010a）提出把所有工具变量的加权平均作为新的 IV。当存在许多弱工具变量时，Kapetanios 和 Marcellino（2010b）指出因子广义距估计可以得到系数的相合估计量。Doran 和 Schmidt（2006）用主成分分析法得到了 GMM 估计中衡量距条件信息含量的权重矩阵的主成分，从而舍弃了一部分距条件。基于主成分法的思想，刘汉中（2019）提出用许多工具变量线性组合构造的主成分作为新的 IV。但是若工具变量不是满秩的，该方法失效。

2.3.3 检验方法

2.3.3.1 弱识别检验

内生变量与工具变量微弱相关被称为弱识别。Staiger 和 Stock（1997）提出了用 F 统计量检验是否存在弱工具变量，其基本思想是在工具变量系数为 0 的原假设下，通过内生变量对工具变量做回归构造 F 统计量，若 F 统计量大于 10 则拒绝存在弱工具变量的原假设。但是，F 统计量不能区分哪个工具变量是弱工具变量，并且要求工具变量的维度小于样本量。Stock 和 Yogo（2005）提出检验弱识别的 Pre-test。但是，只有当结构模型是条件同方差时，Pre-test 才有效；当工具变量个数很大时，Pre-test 很保守。Mikusheva 和 Sun（2020）提出了弱识别稳健的 Pre-test，该统计量的构造思路是用工具变量所包含信息的 Jackknife 度量值除以工具变量个数的平方根，存在许多工具变量时，他们提出的统计量依然有效。

2.3.3.2 弱识别稳健检验

Anderson 和 Rubin（1949）提出了弱识别稳健的 AR 检验。由于在原假设下，工具变量与结构模型随机扰动项无关，所以 AR 统计量服从χ^2分布，自由度为工具变量个数。不管第一阶段系数如何，AR 统计量总有渐近正确的检验水平，且当集中参数的样本估计值趋于无穷时，AR 统计量是相合的。但是该 AR 统计量只适应于工具变量个数较小的情况。Mikusheva 和 Sun（2020）提出了弱识别稳健的 Jackknife AR 检验，其是 AR 统计量向有较多工具变量情形的拓展。

2.3.3.3 高维情形下检验变量内生性的 Durbin-Wu-Hausman 检验

Guo 等（2018）指出，在有高维控制变量和（或）高维工具变量的模型中，传统的检验变量内生性的 Durbin-Wu-Hausman 检验虽有正确的检验水平但是功效表现不好；他们是通过检验约简形模型两个随机扰动项的方差协方差矩阵来检验变量内生性的，利用控制变量和工具变量的稀疏性来估计两个随机扰动项的方差协方差矩阵，因此高维时，相较于传统 Durbin-Wu-Hausman 的功效，他们建议的检验统计量表现更好。而传统的 Durbin-Wu-Hausman 检验是用普通最小二乘估计量与两阶段最小二乘估计量差的平方构造的。Wooldridge（2014）提出用控制函数法检验变量是不是内生的，但是当结构模型是稀疏的和工具变量是高维的时，传统方法无法估计模型参数，导致该方法失效。Xu 等（2019）提出了正则化的控制函数法，把基于控制函数的假设检验问题转化为识别内生变量的变量选择问题。该方法是传统控制函数法向存在高维控制变量模型的拓展。

2.4 时变结构下许多弱工具变量问题

在大数据时代，宏观经济和金融时间序列数据变量之间的关系容易呈现出时变特征。例如，2017 年国际货币基金组织指出失业对通货膨胀的影响程度会随着经济复苏而增加，经济萧条时失业对通货膨胀影响较弱，而经济繁荣时失业对通货膨胀影响较大。时间序列数据和面板数据出现的结构不稳定现象来源于偏好、技术、政策和危机等因素的变化（Sun 等，2019）。忽略这个时变特征将给我们的估计和推断结果带来负面影响，如估计量是不相合的、统计推断结果不可靠，从而无法准确理解变量之间的因果关系。同时，在使用时间序列数据和面板数据进行的实证研究中，内生性问题经常发生。例如，在实证研究菲利普斯曲线时，失业变化就是内生的（Giraitis 等，2021）。若忽略感兴趣变量的内生性问题，本书将得到内生变量系数的一个有偏或不相合的估计，从而得到一个误导人的实证分析结论。基于上述考虑，有必要对时变结构下内生性问题的工具变量估计和推断方法进行深入的研究。

工具变量法可被用于估计内生变量的时变系数。在理想情况下，有效的工具变量应该满足相关性和外生性约束，即工具变量与内生变量相关，与工具变量和结构模型随机扰动项无关。然而，在实证研究中，研究者经常面临工具变量质量问题，如内生变量的大量滞后项被当作潜在工具变量，导致潜在工具变量维度很大；工具变量与内生变量微弱相关；工具变量与用因子结构表示的不可观测因素相关等。这些弱工具变量或高维工具变量等问题将导致工具变量不满足有效性约束，进而严重影响工具变量估计量的精确度（Kueck 等，2021；Seng 和 li，2021）。已有文献提出的解决工具变量质量问题的方法忽略了模型结构的变化问题，导致他们提出的工具变量估计量是不相合的。因此，时变结构下弱工具变量、高维工具变量和面板模型的工具变量估计研究将显得十分紧迫和必要。

近年来，国内外学者研究了弱工具变量、高维工具变量和面板模型的工具变量估计等问题。已有的弱工具变量和高维工具变量等估计方法的表现依赖于模型结构不变假设。然而，大数据时代，变量之间关系容易呈现出时变等复杂特征。因此，进一步探究适应于复杂数据的工具变量估计方法将有十分重要的研究意义。考虑到大数据时代，变量之间关系呈现出的时变特征，本书研究了时变系数模型的工具变量估计和推断问题，提出了估计内生变量时变系数的高维时变工具变量估计量、时变模型平均工具变量估计量以及估计带有交互固定效应时变系数面板模型的工具变量方法，并提出了对时变系数进行统计推断的方法。本书的理论意义和现实意义如下：

理论意义：第一，对时变结构下高维工具变量和弱工具变量估计和推断方法的研究，弥补了已有高维工具变量和弱工具变量研究忽略模型结构变化的不足之处，完善了对时变系数进行统计推断的方法以便得到内生变量时变系数的可靠推断结论。第二，对时变系数面板模型工具变量估计方法的研究，拓展了已有常系数面板模型工具变量估计方法。

现实意义：本书提出的内生变量时变系数的工具变量估计方法充分考虑了实证研究数据的时变特征和工具变量的质量问题，有助于实证研究者更加准确地认识和了解实际经济现象的各类时变特征，如通货膨胀变化和失业变化之间关系的时变特征、人均消费变化与人均可支配收入之间的时变关系等，对于准确把握实际经济运行中的结构变化规律有一定的启示作用，因而具有很高的应用价值。

在大数据时代，经济变量之间容易表现出时变等复杂特征（汪寿阳等，2019）。时变特征可以很好地刻画和识别宏观与金融时间序列数据和面板数据中存在的结构变化问题（Muller 和 Watson，2008；Muller 和 Petalas，2010；Giraitis 等，2021）。错误地假设模型结构不随时间推移而变化将给模型的估计和推断带来灾难性的影响，例如，参数估计是不相合的，统计检验结果不可靠等。近年来，对呈现出时变等特征的复杂数据进行计量建模的研究越来越受到学者们的关注。一部分学者研究了时间序列数据中的时变系数模型估计和推断问题。Giraitis 等（2014）研究了时变系数模型的非参核估计方法。Casas，Ferreira 和 Orbe（2017）提出了带有时变系数的似不相关回归模型的一个非参核估计方法。Li，Phillips 和 Gao（2020）提出用核平滑方法估计时变系数协整模型。Yan，Gao 和 Peng（2021）研究了时变系数向量自回归模型的估计、检验和脉冲响应分析问题。Inoue，Jin 和 Pelletier（2021）提出了时变系数 GARCH 模型的一个局部线性估计量。Friedrich 和 Lin（2022）提出了一种 Sieve 自助法对时变系数模型进行统计推断。Fu 和 Hong（2019）指出可以通过检验数据傅里叶变换的不稳定性来识别回归模型中的结构变化问题。Fu 等（2022）提出了两个检验统计量对时变参数的三种设定进行统计检验。部分学者关注了时变系数面板模型的估计问题。Li，Chen 和 Gao（2011）提出了一个非参局部线性估计量来估计含有固定效应的时变系数面板模型。Kim，Zhao 和 Xiao（2018）提出了时变系数纵向数据模型的一个局部线性分位数估计方法。Liu，Gao 和 Yang（2020）考虑了带有共同因子的异质时变系数面板数据的估计问题。Liang，Gao 和 Gong（2021）提出了时变系数空间自回归面板数据模型的一个局部线性准极大似然估计量。还有一部分学者对时变系数高维模型的变量选择和预测问题感兴趣。Kapetanios 和 Zikes（2018）提出了一个时变 Lasso 方法对时变系数模型进行变量选择。Yousuf 和 Ng（2021）提出了两个 L_2 提升算法来估计带有时变系数的高维模型。Dendramis 等（2021）考虑了高维数据中时变方差协方差矩阵的估计问题。Sun 等（2020）提出用带有时变权重的模型平均方法对时变系数模型进行预测，还提出了带惩罚的时变模型平均方法以避免过拟合问题。Sun 等（2023）用时变模型平均方法来提高旅游需求预测的准确度。时变参数模型的应用研究也颇多。Galvao 等（2015）用时变动态随机一般均衡模型研究了金融摩擦冲击对宏观经济的影响。郑挺国和刘堂勇（2018）提出了一种基于时变向量自回归模型计算股市时变波动溢出指数的方法。

工具变量估计是计量经济学中的一个十分重要的方法。传统工具变量方法的表现依赖于对模型结构和工具变量质量的严格假定，即模型结构不随时间推移而变化，工具变量是有效的。然而，实证研究者收集到的数据常常存在模型结构随时间推移而变化和工具变量质量差等特征。一方面，由于偏好变化、技术进步、政策冲击、危机、季节等因素的影响，宏观和金融时间序列数据或面板数据常会存在结构随时间推移而变化的问题（Stock 和 Watson，1996，2002，2005；Rossi，2006；Rossi 和 Sekhposyan，2011）。另一方面，为了寻找到满足外生性条件的工具变量，经常会遇到与内生变量微弱相关的工具变量（Weak Iv），甚至有些与内生变量完全无关（Irrelevant Iv）。弱工具变量和无关工具变量不仅影响模型参数工具变量估计的精确性，而且会导致相关统计检验结果的不可靠（Nelson 和 Startz，1990）。因此，结构变化背景下内生性问题的研究将具有十分重要的意义。

结构变化背景下工具变量估计方法的研究还较少。Hall 等（2012）研究了 Bai 和 Perron（1998）提出的结构变化模型的工具变量估计和推断方法。随后，Boldea 和 Hall（2013）与 Antoine 和 Boldea（2018）考虑了与此相关的其他一系列问题。Chen（2015）提出了一个局部线性两阶段最小二乘估计方法来估计带有内生变量的时变系数模型。Cai 等（2017）提出了带有内生解释变量的部分时变系数模型的三阶段估计方法。Baltagi，Feng 和 Kao（2019）考虑了带有内生变量的面板数据模型中的结构变化问题。Giraitis 等（2021）提出了一个时变工具变量估计方法。然而，上述研究鲜有考虑模型结构随时间推移而变化背景下时变系数的弱工具变量或高维工具变量稳健估计问题。已有一些面板模型工具变量估计的研究，但是，相关文献假设模型结构不随时间推移而变化。Cui 等（2020）提出了一个两阶段工具变量方法来估计带有交互效应的面板模型。Norkute，Sarafidis 和 Yamagata（2018）提出了一个工具变量方法来估计有多因子误差项的动态面板数据模型。Cui，Sarafidis 和 Yamagata（2020）研究了带有交互效应的空间动态面板数据模型的工具变量估计问题。通过梳理文献，我们发现时变系数面板模型的工具变量估计还有待进一步研究。

已有大量文献研究了模型结构不变时感兴趣系数的弱工具变量和高维工具变量稳健估计问题。一部分学者给出了统计检验方法或统计判断标准来识别弱工具变量。在 2SLS 的第一阶段回归中，F 统计量可被用来判断所使用的工具变量是否为弱工具变量（Bound，Jaeger 和 Baker，1995）。然而，该方法不能识别出哪个工具变量是弱工具变量，而且，只有工具变量是低维时才适用。Shea

(1996) 提出了偏 R^2 来衡量工具变量与内生变量的相关度。然而，关于具体可决系数有多低才算是弱工具变量，目前学者还没有达成共识。另一部分学者提出了一些筛选工具变量的方法。Donald 和 Newey (2001) 指出应该选择那些使均方误差最小的工具变量。该方法要求工具变量强弱程度的先验信息是给定的，然而，现实中这个要求是无法满足的。Hall 和 Peixe (2003) 研究了用一个相关信息准则来筛选工具变量的问题。Hall 等 (2007) 提出了一个可被用于筛选工具变量的相关距条件选择标准。近年来，高维内生性问题的研究越来越受到重视。Bai 和 Ng (2009) 使用提升 (Boosting) 方法来对高维工具变量进行模型选择，但是，他们没有从理论上证明提升方法的有效性。Chernozhukov 等 (2015) 提出了一个新的套索方法 (Post-Lasso) 来筛选工具变量，该方法允许潜在工具变量的维度大于样本量。Fan 和 Zhong (2018) 提出了一个非参可加工具变量估计量，该方法用适应性组套索 (Adaptive Group Lasso) 筛选工具变量。Kueck 等 (2021) 提出了一个新的提升方法 (Post 或 Orthogonal L_2-boosting) 来对高维工具变量或控制变量进行模型选择。Belloni 等 (2022) 提出用一个满足工具变量正交条件并且还有一个额外正交性质的距条件来估计含有许多内生变量的高维线性模型。Cheng 等 (2022) 提出了一个基于 Sieve 的广义距估计方法来估计高维面板数据模型。其他学者提出了一些强化工具变量的方法。Ertefaie，Small 和 Rosenbaum (2018) 指出，去除弱工具变量的数据集可以提高工具变量的强度。但是，该方法损失了部分数据，会影响估计精确度和统计推断效率。Seng 和 Li (2021) 提出用模型平均处理弱工具变量。但是，Seng 和 Li (2021) 忽略了模型结构的变化问题。还有一些学者研究了许多工具变量问题。Chao 和 Swanson (2005) 指出，当弱工具变量数量与聚集系数同时增大时，由使用许多弱工具变量得到的估计量是相合的。Hansen，Hausman 和 Newey (2008) 研究了存在许多弱工具变量时标准误差的校正问题。刘汉中 (2019) 提出用主成分分析法降低工具变量的维度。Carrasco 和

Doukali（2022）研究了有许多工具变量时的过度识别约束检验问题。但是，上述弱工具变量和高维工具变量的相关研究均假设模型结构是稳定的，该假设在现实中往往不成立。

2.5 有待进一步研究之处

通过梳理上述文献，本书发现相关研究在用工具变量估计内生处理效应时要求所用到的工具变量都是有效工具变量。然而，用大量潜在工具变量估计内生处理效应的研究还是一片空白；存在大量潜在控制变量时感兴趣变量系数估计方法都假设给定合适的控制变量处理效应变量满足随机分配干预，因此该方法得到的内生处理效应估计通常是有偏的；弱工具变量的相关研究都假设给定已知有效的控制变量，工具变量满足独立性和排他性约束。若给定许多潜在控制变量，工具变量满足条件独立性和排他性约束，此时，如何从大量潜在控制变量中筛选出合适控制变量的问题还需要进一步研究。

3 基于许多工具变量和双选的内生处理效应估计

3.1 研究目的

利用大规模数据集来估计政策变量对目标变量的因果效应是十分有用的，如经济学家研究医药费用支出改革对健康花费的影响，药物学家想要了解用药剂量对血压的影响，都可以采用这种方法。在本章的实证部分，本书用大量潜在工具变量估计受理上诉法庭保护私有者土地权益的判决对房价的影响。由于被调查对象通常是非随机选取的，文献常常假设给定充分多的控制变量，处理效应变量与目标变量是独立的（Imbens，2004；Imbens 和 Rubin，2015）。Hirano 等（2003）提出用估计的倾向得分控制住协变量因素后再估计平均处理效应。然而，在实证研究中，没有一个明确的方法指导我们如何选择控制变量。例如，Donohue Ⅲ和 Levitt（2001）用先验的敏感分析从众多的法律和经济变量中选择合适的控制变量。那么，究竟哪一个控制变量它们的交互项以及函数形式变换应该包含在回归模型中呢？用变量选择方法从大量潜在的控制变量中筛选出重要的控制变量是其中方法之一。存在大量潜在控制变量时，Belloni 等（2014）提出用双选法（Double Selection，DS）估计平均处理效应。他们提出首先选择对目标变量有解释力的控制变量；其次选择对处理效应变量有解释力的额外重要控制变量；最后通过目标变量对处理效应变量和上述两个步骤选择的控制变量并集作回归得到平均处理效应的双选估计量。他们指出，双选方法能够减少单选法不完美模型选择带来的偏误问题。双选法假设给定充分多的控制变量后，处理效应变量是外生的。但是，由于重要控制变量的缺失和样本选择，处理效应变量是内生的，此时，双选估计量是有偏的。

在经济学实证研究中，内生性问题常常不可避免地会发生。此时，普通最小二乘估计量是不相合的。工具变量方法常被用于解决感兴趣变量的内生性问题。例如，Angrist 和 Krueger（1991）用出生季度作为教育年限的工具变量来估计教育的回报。Angrist 和 Imbens（1995）用两阶段最小二乘法估计平均处理效应。最优工具变量是给定有效工具变量时内生变量的条件期望，其可以使得工具变量估计量的渐近方差最小（Amemiya，1974）。为了提高工具变量估计量的精确度，大量潜在工具变量以及它们的交互项和函数形式变换被用来估计最优工具变量。Belloni 等（2012）提出用 Lasso 方法剔除弱工具变量后，再用选择得到的重要工具变量估计最优工具变量。Lin 等（2015）提出用正则化方法处理高维工具变量问题。Farrell（2015）研究了控制变量的维度比样本量大时平均处理效应的估计问题。Kang 等（2016）提出用 Lasso 方法从大量工具变量中筛选出有效工具变量，然后再用选择得到的工具变量估计感兴趣的模型系数。Fan 和 Zhong（2018）提出用高维非参可加约简形模型来估计内生变量的最优工具变量。近年来，正则化方法常被用来研究高维数据，如 Lasso（Tibshirani，1996）、Scad（Fan 和 Li，2001）、组 Lasso（Yuan 和 Lin，2006）、适应性 Lasso（Zou，2006）、适应性组 Lasso（Huang 等，2010）。但是，Belloni 等（2014）指出单选方法存在不完美模型选择问题，遗漏变量偏误不可避免地会发生。这促使我们提出一种有效的方法来解决存在许多工具变量和控制变量时内生处理效应的估计问题。

存在许多甚至是高维的控制变量和工具变量时，本书提出双选加工具变量估计量（DS-IV）来估计内生处理效应。DS-IV 的估计步骤由下面三步组成：首先，我们选择对被解释变量有解释力的控制变量；其次，我们选择对内生处理效应变量有解释力的工具变量和控制变量，并且得到内生处理效应变量的最优工具变量估计量；最后，通过被解释变量对内生处理效应变量最优工具变量估计量和上述两个步骤得到的控制变量并集作回归得到我们的 DS-IV 估计量。DS-IV 方法既有 Post-Lasso 估计量的优势（Belloni 等，2012），又有双选方法的优点（Belloni 等，2014）。我们提出的 DS-IV 估计量既能解决处理效应的内生性问题，又能避免单选法不完美模型选择造成的遗漏变量偏误问题。理论上证明了 DS-IV 估计量是 $\sqrt{n}$ 相合的和渐近正态的。在随机扰动项条件同方差的假设下，DS-IV 达到了半参效率边界。实证研究中，我们的 DS-IV 估计量提供了更有利的证据表明受理上诉法庭保护私有者土地权益的判决对房价具有正向作用。

本章结构安排如下：第二部分描述了我们的方法和 DS-IV 估计量。第三部分提供了 DS-IV 估计量的理论性质。第四部分用数值模拟研究了 DS-IV 估计量的有限样本性质。第五部分是实证研究。本章附录部分是我们的证明过程。

3.2 方法和 DS-IV 估计量

3.2.1 模型设定

考虑如下有一个内生变量和许多控制变量的结构模型：

$$y_i = d_i\alpha_0 + X'_i\beta_0 + \varepsilon_i, \tag{3.1}$$

其中，y_i 是被解释变量，d_i 是我们感兴趣的内生处理效应变量，α_0 是 d_i 的真实系数，X_i 是 $p\times1$ 维的控制变量，β_0 是 X_i 的 $p\times1$ 维系数，ε_i 是随机扰动项，$i=1, 2, \cdots, n$，n 是样本量。不失一般性地，我们假设所有控制变量 X_i 都是外生的。为了精确估计处理效应，我们的模型包含尽可能多的控制变量。因此，我们允许控制变量 X_i 的维度 p 大于样本量 n。若条件均值独立假设成立，即 $E[\varepsilon_i \mid d_i=a+1, X_i]=E[\varepsilon_i \mid d_i=a, X_i]$，其中 a 在 d_i 的定义域内取值，真实模型系数是给定控制变量 X_i 处理效应变量从 a 增加到 $a+1$ 时的平均处理效应 $\alpha_0=E[y_i \mid d_i=a+1, X_i]-E[y_i \mid d_i=a, X_i]$。特别地，如果处理效应变量是二元的，并且无混淆分配假设（Heckman 等，1998）或更弱的条件均值独立假设 $E[\varepsilon_i \mid d_i=1, X_i]=E[\varepsilon_i \mid d_i=0, X_i]$ 成立，则给定 X_i 时，平均处理效应 $\alpha_0=E[y_i \mid d_i=1, X_i]-E[y_i \mid d_i=0, X_i]$。

与 Belloni 等（2014）不同，我们模型中的处理效应变量是内生的，即 $E(\varepsilon_i \mid d_i, X_i)\neq0$。在接下来的部分，我们将用工具变量解决 d_i 的内生性问题。我们标记 $q\times1$ 维的工具变量为 $W_i=(w_{i1}, \cdots, w_{iq})'$。有效的工具变量应该满足三个条件：①工具变量满足独立性约束，即给定控制变量 X_i，工具变量

(W_i, X_i)与潜在结果独立；②工具变量满足排他性约束，即给定控制变量 X_i，工具变量对被解释变量没有直接影响；③工具变量和内生变量相关。最优工具变量是给定有效工具变量时内生变量的条件期望，其可以最小化工具变量估计量的渐近方差（Amemiya，1974；Newey，1990）。如 Belloni 等（2012）提出，大量潜在的原始工具变量、它们的交互项和函数形式转换被用来估计内生变量的最优工具变量，因此允许工具变量的维度大于样本量。变量选择方法可被用来剔除弱工具变量。

3.2.2 双选加工具变量估计量

为了解决处理效应变量 d_i 的内生性问题，我们用下面的线性约简形模型建立内生处理效应变量 d_i 和工具变量 W_i 以及控制变量 X_i 之间的函数关系：

$$d_i = W'_i\delta_0 + X'_i\gamma_0 + \upsilon_i, \tag{3.2}$$

其中，δ_0 是工具变量 W_i 的 $q\times1$ 维系数，γ_0 是控制变量 X_i 的 $p\times1$ 维系数。由于控制变量 X_i 是外生的并且和 d_i 相关，所以 X_i 也可以理解为 d_i 的工具变量。式（3.2）和 Frölich（2007）的设定一样。为了下文标记方便，我们表述式（3.2）为：

$$d_i = Z'_i\theta_0 + \upsilon_i, \tag{3.3}$$

其中，$Z_i = (W'_i, X'_i)'$，$\theta_0 = (\delta'_0, \gamma'_0)'$。标记两个随机扰动项 ε 和 υ 的相关性为 $\rho_{\varepsilon,\upsilon}$，而 $\rho_{\varepsilon,\upsilon}\neq0$ 意味着处理效应变量 d_i 是内生的。标记最优工具变量为 $d_i^* = E(d_i \mid Z_i)$。

DS-IV 估计方法由下面三个步骤组成：

（1）在第一步中，由数据(y_i, X_i)，我们用变量选择方法选出对被解释变量有解释力的控制变量。我们考虑下面带有 l_1 惩罚项的目标函数：

$$L_{n,1}(\beta, \lambda_n) = \sum_{i=1}^{n} (y_i - X'_i\beta)^2 + \lambda_n \sum_{i=1}^{p} \mid \beta_j \mid, \tag{3.4}$$

其中，$|\cdot|$ 表示取绝对值，λ_n 是控制模型复杂度的调节参数。尽管本章使用了 Lasso 惩罚项，其他惩罚如 SCAD（Fan 和 Li，2001）和适应性 Lasso（Zou，2006）也是适用的。在实际操作中，通过交叉验证和 BIC 信息准则来选择调节参数 λ_n（Schwartz，1978；Wang 等，2007）。惩罚估计量 $\hat{\beta}$ 通过最小化式（3.4）中的目标函数获得，即

$$\hat{\beta}=(\hat{\beta}_1,\ \hat{\beta}_2,\ \cdots,\ \hat{\beta}_p)'=\arg\min L_{n,1}(\beta,\ \lambda_n), \tag{3.5}$$

我们标记用数据$(y_i,\ X_i)$得到的控制变量指标集 $\hat{I}_1=\{j:\ |\hat{\beta}_j|>0,\ j=1,\ 2,\ \cdots,\ p\}$。

（2）在第二步中，我们选择对内生处理效应变量有解释力的控制变量和工具变量。这一步既剔除了弱工具变量又选择了额外的在第一步中漏选的控制变量。我们考虑如下的目标函数：

$$L_{n,2}(\delta,\ \gamma,\ \lambda_n)=\sum_{i=1}^{n}(d_i-W'_i\delta-X'_i\gamma)^2+\lambda_n\left(\sum_{j=1}^{q}|\delta_j|+\sum_{j=1}^{p}|\gamma_j|\right), \tag{3.6}$$

其中，估计量 $\hat{\delta}$ 和 $\hat{\gamma}$ 通过最小化式(3.6)中的目标函数 $L_{n,2}(\delta,\ \gamma,\ \lambda_n)$ 得到。

$$\hat{\theta}=(\hat{\delta}',\ \hat{\gamma}')'=\arg\min_{\delta,\gamma}L_{n,2}(\delta,\ \gamma,\ \lambda_n), \tag{3.7}$$

标记用数据$(d_i,\ W_i,\ X_i)$选择得到的控制变量指标集为 $\hat{I}_2=\{j:\ |\hat{\gamma}_j|\neq 0,\ j=1,\ 2,\ \cdots,\ p\}$，用数据$(d_i,\ W_i,\ X_i)$得到的工具变量指标集为 $\hat{I}_w=\{j:\ \hat{\delta}_j\neq 0,\ j=1,\ 2,\ \cdots,\ q\}$。实际操作中，最优工具变量估计量为：

$$\hat{d}_i^*=W'_i\hat{\delta}+X'_i\hat{\gamma}=Z'_i\hat{\theta} \tag{3.8}$$

（3）在第三步中，我们用内生处理效应变量的最优工具变量估计量和上述两个步骤得到的控制变量并集得到我们的内生处理效应 DS-IV 估计量 $\hat{\alpha}$。从直觉上来说，DS-IV 估计量表现应该不错，理由是给定许多控制变量，工具变量满足独立性约束和排他性约束时，DS-IV 使用双选法选择控制变量，避免了

单选法遗漏重要控制变量问题。由于 Beta_ min 条件不满足（Sara 等，2010）或者小样本模型选择偏差，用数据（y_i，X_i）选择控制变量，一些重要控制变量可能被遗漏。如果遗漏的控制变量和潜在工具变量相关，则估计的处理效应就是有偏的。因此，在第二步中，我们选取的额外控制变量对于得到处理效应的相合估计量十分重要。

我们标记 $Y=(y_1, \cdots, y_n)'$，$D=(d_1, \cdots, d_n)'$，$D^*=(d_1^*, \cdots, d_n^*)'$，$V=(v_1, \cdots, v_n)'$并且，$\hat{D}=(\hat{d}_1^*, \cdots, \hat{d}_n^*)'$。对于 $A\subset\{1, \cdots, p\}$，定义 $X_A=\{X_j, j\in A\}$，其中$\{X_j, j=1, \cdots, p\}$是 X 的列向量。定义 $P=X_A(X'_AX_A)^{-1}X'_A$ 是到 X_A 上的投影矩阵，定义 $M_A=I_n-P_A$。定义 $\hat{I}=\hat{I}_1\cup\hat{I}_2$ 为前两步选择得到的控制变量指标集并集。我们的双选加工具变量估计量为：

$$\hat{\alpha}=(\hat{D}'M_{\hat{I}}D)^{-1}(\hat{D}'M_{\hat{I}}Y), \tag{3.9}$$

说明 3.1　DS-IV 和传统的用被解释变量对内生处理效应变量的最优工具变量估计量 $\hat{d}_i^*$ 和前两个步骤得到的控制变量并集作普通最小二乘回归得到的估计量不同，例如 Belloni 等（2014）中的 DS 估计量，即 $\tilde{\alpha}=(\hat{D}'M_{\hat{I}}\hat{D})^{-1}(\hat{D}'M_{\hat{I}}Y)$。

我们总结 DS-IV 算法如下：

步骤一：用 y_i 对控制变量 X_i 作 Lasso 回归，得到系数估计量 $\hat{\beta}$，标记这一步筛选得到的重要控制变量指标集为 $\hat{I}_1$。

步骤二：用处理效应变量 d_i 对工具变量 W_i 和控制变量 X_i 作 Lasso 回归，得到最优工具变量估计量 $\hat{d}_i^*$，标记这一步得到的额外重要控制变量指标集为 $\hat{I}_2$。

步骤三：由 y_i 对 d_i 的最优工具变量估计量 $\hat{d}_i^*$ 和上述两个步骤得到的控制变量并集$\{x_{ij}: j\in\hat{I}=\hat{I}_1\cup\hat{I}_2\}$作工具变量回归，得到内生处理效应的 DS-IV 估计量 $\hat{\alpha}$。

3.3 理论性质

本章中，我们定义 $\|\cdot\|_0$，$\|\cdot\|$ 和 $\|\cdot\|_\infty$ 分别为 l_0 范数、l_2 范数和无穷范数。标记 $\|\beta_0\|_0 \leqslant s$ 和 $\|\gamma_0\|_0 \leqslant s$，即 I_1 和 I_2 中 β_0 和 γ_0 的真实系数个数不超过 $s=s_n<<n$，并且其估计量 $\hat{s}=\|\hat{I}\|_0$。为了得到 DS-IV 估计量的理论性质，我们施加下面的假设条件。

（A）定义半定矩阵 M 的最小和最大 m 稀疏特征值为：$\phi_{\min}(m)[M]:=\min_{1\leqslant\|\delta\|_0\leqslant m}\frac{\delta' M\delta}{\|\delta\|^2}$ 和 $\phi_{\max}(m)[M]:=\max_{1\leqslant\|\delta\|_0\leqslant m}\frac{\delta' M\delta}{\|\delta\|^2}$。存在一个序列 $a_n\to\infty$，使得依概率 1 最小和最大 $a_n s$ 稀疏特征值不等于 0。即，以不小于 $1-\Delta_n$ 的概率，下面的式子成立 $k'\leqslant\phi_{\min}(a_n s)[E_n(Z_iZ'_i)]\leqslant\phi_{\max}(a_n s)[E_n(Z_iZ'_i)]\leqslant k''$，其中 $E_n(Z_iZ'_i)=\sum_{i=1}^{n}Z_iZ'_i/n$，$0<k'<k''<\infty$ 是常数，Δ_n 是一个很小的正数。

（B）随机扰动项满足 $E(\varepsilon_i^2)<\infty$ 和 $E(v_i^2)<\infty$，i=1，…，n。

（C）$\log(m)=o(n^{1/3})$ 和 $s\log(m\vee n)/n\to 0$，其中 $m=p+q$。存在一个常数 C，使 $E(x_{ij}^3 v_i^3)\leqslant C$。

（D）$E(d_i^{*2})<\infty$ 且 $\max_{1\leqslant j\leqslant s}\left|\sum_{i=1}^{n}x_{ij}d_i^*/n\right|<\infty$。

条件（A）是 Belloni 等（2014）中稀疏特征值假设 SE（P）。对于独立同分布且均值为 0 的子高斯随机向量或者独立同分布的 0 均值有界随机向量，假设（A）直接成立。条件（C）允许控制变量和工具变量是高维的，且使我们能够应用附录中的引理（3.6.1）得到有关误差项的界。条件（B）是对随机扰动项施加了一些距条件。条件（D）是对有关内生处理效应变量的一些项施加了距条件。

引理 3.3.1：若条件（A）、条件（B）和条件（C）成立，则

$\|\hat{D}-D^*\|_2=O_p(\sqrt{s\log(m\vee n)})$，

$\|\hat{\theta}-\theta\|_1=O_p(s\sqrt{\log(m\vee n)/n})$，

$\|\hat{\theta}-\theta\|_2=O_p(\sqrt{s\log(m\vee n)/n})$。

引理 3.3.1 给出了（Post-）Lasso 估计量的相合性，其来源于 Belloni 和 Chernozhukov（2013）。这一引理方便下面我们得到 DS-IV 估计量的大样本性质。

定理 3.3.1：如果条件（A）~条件（D）成立，则我们提出的内生处理效应 α_0 的 DS-IV 估计量 $\hat{\alpha}$ 是$\sqrt{n}$相合的和渐近正态的，即

$$\sigma_n^{-1}\sqrt{n}(\hat{\alpha}-\alpha_0)\xrightarrow{d}N(0,1)。$$

其中，$\sigma_n^2=\left(E\left(\frac{D^{*\prime}M_ID^*}{n}\right)\right)^{-1}E\left(\frac{D^{*\prime}M_I\varepsilon\varepsilon'M_ID^*}{n}\right)\left(E\left(\frac{D^{*\prime}M_ID^*}{n}\right)\right)^{-1}$。如果 $E(\varepsilon_i^2\mid X_i,W_i)=\sigma_\varepsilon^2$，$i=1,2,\cdots,n$，则 $\sigma_n^2=\left(E\left(\frac{D^{*\prime}M_ID^*}{n}\right)\right)^{-1}\sigma_\varepsilon^2$。

定理 3.3.1 展示了 DS-IV 估计量是 $\sqrt{n}$ 相合的和渐近正态的。该定理和 Belloni 等（2014）的定理 3.1 相似。但是又有不同，因为我们的 DS-IV 估计量解决了处理效应变量的内生性问题。

3.4 数值模拟

在这部分，用数值模拟检验 DS-IV 估计量的有限样本性质。我们考虑的

估计量包括普通最小二乘估计量（OLS）、Lasso 估计量（Lasso）、两阶段最小二乘估计量，Belloni 等（2014）中估计外生处理效应的双选估计量（DS），Belloni 等（2012）用高维工具变量估计内生变量系数的 Post-Lasso 估计量（Post-Lasso）和 Chernozhukov 等（2015）中估计内生处理效应的 Post-Selection 和 Post-Regularization 方法（CHS）。

我们考虑如下的结构模型：

$y_i = d_i\alpha_0 + X'_i\beta_0 + \varepsilon_i$,

其中，我们设真实的处理效应 $\alpha_0 = 0.75$，$\beta_0 = (1, 0.11, 0.18, 0, 0.12, 2, 0, \cdots, 0)'$。其中一些重要控制变量的系数很小，以至于它们在第一步的控制变量筛选中可能会被遗漏。我们从一个多元正态分布 $N(0, \sum_X)$ 中产生控制变量 X_i，$\sum_X = (\rho_{kl})_{p\times p}$，$\rho_{kl} = 0.5^{|k-l|}$，$k, l = 1, \cdots, p$。协变量数据高度相关的情形不在我们的考虑范围之内，因为 Lasso 对高度相关变量的处理能力略显不足。我们固定样本量 $n = 100$，考虑控制变量维度的两种不同情形：低维情形 $p = 50$ 和高维情形 $p = 200$。

内生处理效应变量通过下面式子产生：

$d_i = x_{i1} + 1.9x_{i2} + 2.5x_{i3} + 1.4x_{i5} + x_{i6} + 1.6w_{i1} + 1.7w_{i2} + 1.9w_{i3} + v_i$,

其中，工具变量 W_i 从另外一个多元正态分布 $N(0, \sum_W)$ 中产生，$\sum_W = (\rho_{mn})_{q\times q}$，$\rho_{mn} = 0.5^{|m-n|}$，$i, j = 1, \cdots, q$，$q = 20$。随机扰动项 (ε_i, v_i) 从一个均值向量为 0、方差协方差矩阵为 $\sum_{\varepsilon, v}$ 的二元正态分布中产生，其中

$$\sum_{\varepsilon, v} = \begin{pmatrix} 1 & 0.9 \\ 0.9 & 1 \end{pmatrix}。$$

在前两个步骤中，我们用 R 包 glmnet 里的函数对控制变量和工具变量进行 Lasso 筛选。高维和低维情形，EBIC（Chen 和 Chen，2008）和 BIC（Wang 等，2007）分别被用来选择调节参数。我们模拟上面提到的各种估计量 R =

1000 次。

我们比较了由定理 3. 3. 1 的渐近分布得到的估计量 $\hat{\alpha}$ 的标准差（标记为"标准差"）和由 1000 次模拟计算得到的经验标准差（标记为"经验标准差"）。表 3. 1 显示，当样本量从 200 增加到 1000 时，标准差和经验标准差越来越相近。在图 3. 1 中，我们画了当样本量为 400 时 1000 次估计量的直方图和估计的密度函数。从图中可以看出，经验密度曲线和渐近正态密度曲线几乎重合。表 3. 1 和图 3. 1 验证了定理 3. 3. 1 的正确性。

表 3. 1　标准差和经验标准差

	样本量	200	400	600	800	1000
P = 50	标准差	0. 0174	0. 0123	0. 0100	0. 0087	0. 0077
	经验标准差	0. 0186	0. 0126	0. 0101	0. 0088	0. 0078
P = 200	标准差	0. 0175	0. 0122	0. 0100	0. 0086	0. 0077
	经验标准差	0. 0192	0. 0126	0. 0104	0. 0088	0. 0077

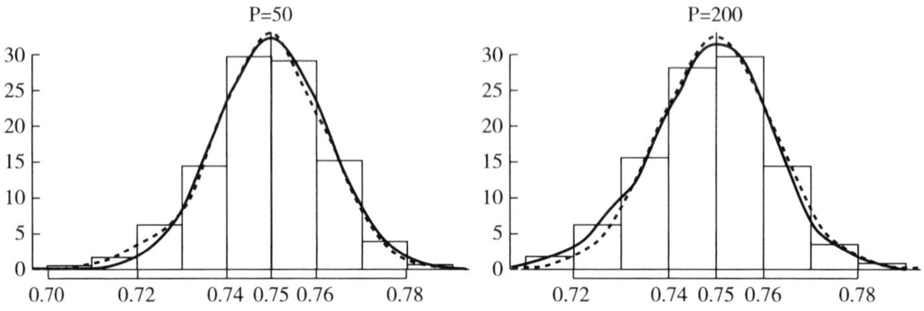

图 3. 1　当样本量为 400 时，由 1000 次模拟得到的 $\hat{\alpha}$ 的直方图以及估计的密度函数曲线（实线）和渐近正态密度曲线（虚线）

为了评估各种处理效应估计量的有限样本性质，我们计算了偏误的平均值（标记为"偏误"）$R^{-1}\sum_{k=1}^{R}(\hat{\alpha}_k-\alpha_0)$ 和均方误差（标记为"均方误"）

$R^{-1}\sum_{k=1}^{R}(\hat{\alpha}_k-\alpha_0)^2$，其中，$\hat{\alpha}_k$ 表示 α_0 的第 k 次模拟估计值。由于在约简形模型中工具变量的维度大于样本量，所以高维情形时 TSLS 估计量是不可行的。表 3.2 展示了内生处理效应各种估计量的偏误均值和均方误差。图 3.2 展示了各种估计量模拟 1000 次的箱线图。

表 3.2　当样本量为 100 时内生处理效应各种估计量的偏误和均方误

方法	P = 50		P = 200	
	偏误	均方误差	偏误	均方误差
OLS	0.0522	0.0038	—	—
Lasso	0.0435	0.0022	0.0408	0.0020
DS	0.0430	0.0024	0.0387	0.0022
TSLS	0.0191	0.0016	—	—
Post-Lasso	0.0246	0.0012	0.0291	0.0014
DS（CHS）	-0.0149	0.0012	-0.0229	0.0021
DS-IV	-0.0044	0.0007	-0.0107	0.0009

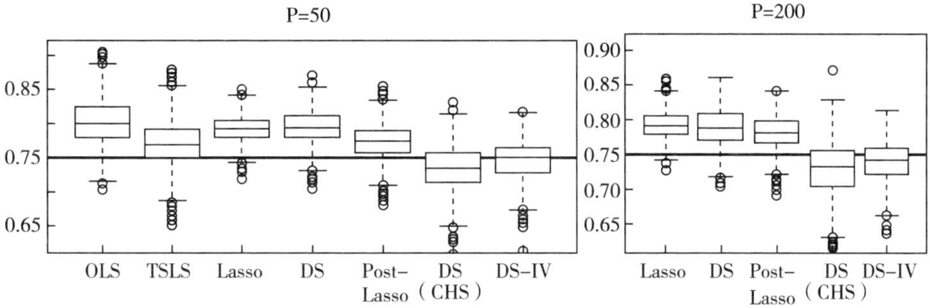

图 3.2　由 1000 次模拟得到的内生处理效应各种估计量的箱线图

注：水平线表示真实处理效应 $\alpha_0=0.75$。

模拟结果显示，和其他工具变量估计量相比，由于 OLS、Lasso 和 DS 估计量忽略了处理效应变量的内生性问题，导致这些估计量的偏误最大。尽管在低维情形时，TSLS 估计量解决了处理效应变量的内生性问题，并且得到了相合估计量，但是，由于使用了许多不相关的控制变量和弱工具变量，导致该估计量的表现不是很好。DS 估计量通过解决了遗漏变量偏误获得了比 OLS 估计量更好的表现。Post-Lasso 估计量的表现相对较好，但是由于遗漏了重要的控制变量如本书模拟中的（X_2，X_3，X_5），导致该估计量仍然存在偏误。DS-IV 估计量甚至比 Chernozhukov 等（2015）提出的估计内生处理效应的 DS 估计量表现还好。总之，由于很好地解决了处理效应变量内生性问题并且能够减少由于不完美模型选择导致的遗漏变量偏误，DS-IV 估计量有最小的偏误和均方误差。

3.5 实证研究

3.5.1 受理上诉法庭保护私有者土地权益的判决对房价的影响

我们用 Belloni 等（2012）的数据和 DS-IV 方法估计受理上诉法庭保护私有者土地权益的决定对房价的影响。考虑如下计量模型：

$$y_{ct}=\alpha_c+\alpha_t+\gamma_c t+\beta TakingsLaw_{ct}+W'_{ct}\delta+\varepsilon_{ct},$$

其中，y_{ct} 是巡回区 c 在时间 t 的非地铁区域房价指数对数或 Case-Shiller 房价指数对数；$TakingsLaw_{ct}$ 是受理上诉法庭保护私有者土地权益的判决次数；W_{ct} 是法官团体特征、巡回区 c 在时间 t 是否有上诉案例、有关土地权益上诉次数；α_c、α_t 和 $\gamma_c t$ 分别是巡回区固定效应、时间固定效应和巡回区相关的时间趋势；β 为受理上诉法庭保护私有者土地权益的判决对房价对数的影响。

我们使用 Belloni 等（2012）中大量的潜在工具变量解决受理上诉法庭保

护私有者土地权益的判决 $TakingsLaw_{ct}$ 的内生性问题。由于法官是被随机分配到三个上诉委员会来给出上诉判决的，所以，给定巡回区 c 在时间 t 的联邦巡回法庭法官特征的分布，法官的身份和人口结构特征满足随机分配干预。三个上诉委员会的大量潜在特征变量可以被用作工具变量，包括性别、种族、宗教、政治归属、法官的本科学历是否在本州获得、法官的本科学历是否从公立学校获得、法学博士学位是否从公立大学获得、法官是否来自于州地方法院以及这些变量的交互项。估计受理上诉法庭保护私有者土地权益的判决对非地铁区域房价指数的影响时，我们使用了 Belloni 等（2012）的 143 个潜在工具变量以及原文中的 33 个控制变量和这些控制变量的最高 3 次方项，样本量为 110。在估计受理上诉法庭保护私有者土地权益的判决对 Case-Shiller 房价指数的影响时，我们使用了 Belloni 等（2012）的 147 个潜在工具变量以及 32 个控制变量和这些控制变量的最高 3 次方项，样本量为 183。

在估计受理上诉法庭保护私有者土地权益的判决对非地铁区域房价指数的影响时，Lasso 选择得到 4 个工具变量，分别为至少有 1 个法官的法学学位从公立学校获得的上诉委员会个数与至少有 1 个法官有主流新教信仰的上诉委员会个数的交互项、至少有 1 个法官的法学学位从公立学校获得的上诉委员会个数与至少有 1 个法官的本科学位从本州学校获得的上诉委员会个数的交互项、至少有 1 个法官的本科学位从本州学校获得的上诉委员会个数与至少有 1 个非白人法官的上诉委员会个数的交互项、至少有 1 个民主党法官的上诉委员会个数与至少有 1 个犹太人法官的上诉委员会个数的交互项；单选法筛选得到 50 个控制变量，双选法筛选得到 65 个控制变量。在估计受理上诉法庭保护私有者土地权益的判决对 Case-Shiller 房价指数的影响时，Lasso 选择得到 2 个工具变量，分别为至少有 1 个法官的法学学位从公立学校获得的上诉委员会个数和它的平方项；单选法筛选得到 49 个控制变量，双选法筛选得到 72 个控制变量。

估计结果如表 3.3 所示。在估计受理上诉法庭保护私有者土地权益的判决对非地铁区域房价指数的影响时，OLS、TSLS、DS、Post-Lasso 和 DS-IV 估计量的 t 值分别为 0.6224、0.4936、1.6363、2.4757、2.6760。在估计受理上诉法庭保护私有者土地权益的判决对 Case-Shiller 房价指数的影响时，OLS、TSLS、DS、Post-Lasso 和 DS-IV 估计量的 t 值分别为 0.4778、-0.0935、1.1603、2.2012、2.5443。OLS 没有发现受理上诉法庭保护私有者土地权益的判决对房价有显著影响，这是由于 OLS 没有解决 $TakingsLaw_{ct}$ 的内生性，导致 OLS 结果是有偏的。由于 TSLS 使用了大量弱工具变量并且单选法遗漏了重要控制变量，所以 TSLS 也是有偏的。DS 发现受理上诉法庭保护私有者土地权益的判决对房价有正向影响但是不显著，这是由于虽然双选法 DS 筛选得到了额外重要的控制变量，但是 DS 也没有解决 $TakingsLaw_{ct}$ 的内生性问题，DS 的结果是有偏的。Post-Lasso 发现，受理上诉法庭保护私有者土地权益的判决对房价有正向影响，但是由于单选法遗漏了重要的控制变量，使得 Post-Lasso 的结果是有偏的。DS-IV 发现，受理上诉法庭保护私有者土地权益的判决对非地铁区域房价指数和 Case-Shiller 房价指数都有显著正向影响，这是由于 DS-IV 用 Lasso 剔除了弱工具变量并且用双选法筛选得到了额外重要的控制变量，保证了 DS-IV 估计结果的准确性。

表 3.3　受理上诉法庭保护私有者土地权益的判定对房价的影响

变量	非地铁区域房价指数	Case-Shiller 房价指数
OLS	0.0150	0.0054
TSLS	0.0274	-0.0279
DS	0.0108	0.0152
Post-Lasso	0.0255**	0.0711**
DS-IV	0.0380***	0.0631**

注：***、**和*分别表示 0.01、0.05 和 0.1 的显著性水平。

3.5.2 教师家访对学生学业表现的处理效应

我们考虑的基本计量模型是：

$Score_i = d_i\alpha_0 + X'_i\beta_0 + \varepsilon_i$,

其中，$Score_i$ 是学生的数学、语文、英语分数；d_i 是表示家访的处理效应变量，如果在某个学年班主任对学生进行了家访，则 $d_i = 1$；X_i 是控制变量，包括学生性别、认知能力测试得分、健康状态、放学后的总学习时间、母亲的受教育程度、家庭收入、兄弟姊妹数量、学生是否和爷爷奶奶一起居住及任课老师的一些特征变量包括年龄、性别、总的教课时间等。数据来源于中国教育追踪调查。

家访不是随机发生的，不可观测因素如学生对某个学科的兴趣既影响家访的决定又影响学生成绩。家访的内生性问题会造成估计结果偏误和不正确政策含义。我们用工具变量来解决家访的内生性问题。在教育经济学研究中，经典的工具变量是学生的出生月份。但是，出生月份可能是一个弱工具变量（Angrist 和 Krueger，2001）。除出生月份外，我们考虑将非班主任老师和不同学科老师的特征变量作为工具变量。假如我们的被解释变量是数学成绩，处理效应变量是班主任老师是否家访。我们将不同任课老师和非班主任老师的特征变量作为家访的工具变量。工具变量不直接影响被解释变量或者在控制了充分多的控制变量后与随机扰动项无关。我们考虑的潜在工具变量包括不同学科的且不是班主任老师的年龄、婚姻状况、性别、上周总的课时量、上周总备课时间、上周批改作业花费的时间、课后和学生交流的分钟数。另外，我们使用的潜在工具变量还包括上述变量的最高 3 阶项和交互项。为了消除异常值的影响，删除了学科分数和工具变量如上周备课时间的下 5%分位数和上 95%分位数。潜在控制变量为学生和家长的特征变量，包括学生身高、体重、年级、睡眠时间、课外活动、家庭活动等。在实证研究中，我们主要关注 7 年级的学生，样本量为7617，有家访的样本占比为42.93%。

尽管我们得到了许多变量，但由于遗漏重要的控制变量，内生性问题仍然存在。双选方法也不能得到处理效应的相合估计量。一方面，我们无法确定哪个控制变量是重要的；另一方面，我们不知道哪个工具变量是重要的。因此，DS-IV 方法可以被用来估计家访对学生学科成绩的影响。

估计结果如表3.4所示。OLS 估计结果显示，教师家访对学生的三门学科成绩的影响不显著，甚至对英语成绩的影响为负。这是由于 OLS 没有解决内生性问题，其结果是有偏的。TSLS 估计结果显示，保持其他对三门学科成绩有影响的因素不变，教师家访提高了三门学科成绩大约0.5分（以总分100分算）。虽然双选选择了对三门学科成绩有影响的重要控制变量，但是由于没有解决教师家访的内生性问题，该估计量仍然是有偏的。双选估计得到的处理效应估计值为 TSLS 的一半。Post-Lasso 估计得到的教师家访对三门学科成绩的影响比 TSLS 估计的结果要大。我们提出的 DS-IV 估计量得到了最有力的证据，表明教师家访对学生三门学科成绩的正向作用。教师家访提高了大约1.2分，大约是 TSLS 估计得到的分数的两倍，并且估计结果在1%的显著性水平下不等于0。

表3.4　估计得到的教师家访对学生学业表现的处理效应

变量	数学成绩		语文成绩		英语成绩	
	系数	标准误	系数	标准误	系数	标准误
OLS（一元）	-0.150	0.198	-0.159	0.198	-0.379*	0.198
OLS（多元）	0.003	0.212	0.052	0.199	-0.055	0.201
TSLS	0.624**	0.297	0.556*	0.290	0.497*	0.292
DS	0.337*	0.201	0.381*	0.210	0.225	0.204
Post-Lasso	0.730**	0.317	0.646*	0.355	0.538*	0.322
DS-IV	1.273***	0.291	1.159***	0.304	1.218***	0.310

注：***、**和*分别表示0.01、0.05和0.1的显著性水平。

3.6 本章附录

引理 3.6.1 假设 U_{ij} 是均值为 0 的独立随机变量，并且对于 $\iota_n>0$，$0\leqslant\Phi^{-1}(1-\gamma/(2p))\leqslant\frac{n^{1/6}}{\iota_n}\min_{1\leqslant j\leqslant p}\frac{\frac{1}{n}\sum_{i=1}^{n}E(U_{ij}^2)}{\left(\frac{1}{n}\sum_{i=1}^{n}E(|U_{ij}^3|)\right)^{2/3}}-1$，则我们有：$P\left(\max_{1\leqslant j\leqslant p}\left|\frac{\sum_{i=1}^{n}U_{ij}}{\sqrt{\sum_{i=1}^{n}U_{ij}^2}}\right|>\Phi^{-1}(1-\gamma/2p)\right)\leqslant\gamma\left(1+\frac{A}{\iota_n^3}\right)$，其中 A 是一个正整数。

这个引理 3.6.1 来源于 Jing 等（2003），之后又出现在 De la Pena 等（2009）、Belloni 等（2014）与 Fan 和 Zhong（2018）中。

证明定理 3.3.1：Belloni 等（2014）定理 1 给出了外生处理效应双选估计量大样本性质的证明过程。与 Belloni 等（2014）定理 1 的证明不同之处在于：本章中处理效应变量是内生的，由 Belloni 和 Chernozhukov（2013）的结论，我们给出了内生处理效应变量最优工具变量估计量的收敛速率；借鉴 Belloni 等（2014）的做法，我们给出了 DS-IV 估计量渐近分布的证明过程。

步骤 1：由 $\hat{\alpha}=(\hat{D}'M_{\hat{I}}D)^{-1}(\hat{D}'M_{\hat{I}}Y)$，得出：

$$\hat{\alpha}=(\hat{D}'M_{\hat{I}}D/n)^{-1}(\hat{D}'M_{\hat{I}}Y/n)$$
$$=(\hat{D}'M_{\hat{I}}D/n)^{-1}(\hat{D}'M_{\hat{I}}(\alpha_0D+X\beta_0+\varepsilon)/n)$$

进一步得 $\sqrt{n}(\hat{\alpha}-\alpha_0)=(\hat{D}'M_{\hat{I}}D/n)^{-1}(\hat{D}'M_{\hat{I}}(X\beta_0+\varepsilon)/\sqrt{n})\equiv T_2^{-1}\cdot T_1$ （3.10）

由步骤 2 和步骤 3 中的式（3.19）和式（3.32），我们有

$$\sqrt{n}(\hat{\alpha}-\alpha_0)=\left(\frac{D^{*\prime}M_ID^*}{n}+o_p(1)\right)^{-1}\left(\frac{D^{*\prime}M_I\varepsilon}{\sqrt{n}}+o_p(1)\right)$$

由弱大数定理得出：$n^{-1}D^{*\prime}M_ID^*=E(n^{-1}D^{*\prime}M_ID^*)+o_p(1)$，$\sum_{j=1} d_i^* M_{I(i,j)}\varepsilon_j$ 是独立同分布均值为 0，方差为 $\sigma^2=E(n^{-1}D^{*\prime}M_I\varepsilon\varepsilon' M_ID^*)$，由中心极限定理和 Slutsky 定理得到：

$$\sigma_n^{-1}\sqrt{n}(\hat{\alpha}-\alpha_0)\to N(0,\ 1)。$$

条件同方差时，我们有 $\sigma_n^2=(E(n^{-1}D^{*\prime}M_ID^*))^{-1}\sigma_\varepsilon^2$，$\mathrm{Var}(\varepsilon_i \mid D^*,\ X)=\sigma_\varepsilon^2$。

步骤 2：首先，我们关注 T_1 项。用矩阵语言重新表述约简形模型为 $D=D^*+v$，它的估计量标记为 $\hat{D}$，我们有：

$$\begin{aligned}T_1&=\hat{D}'M_{\hat{I}}(X\beta_0+\varepsilon)/\sqrt{n}\\&=(\hat{D}-D^*+D^*)'M_{\hat{I}}(X\beta_0+\varepsilon)/\sqrt{n}\\&=D^{*\prime}M_I\varepsilon/\sqrt{n}+(\hat{D}-D^*)'M_{\hat{I}}(X\beta_0+\varepsilon)/\sqrt{n}+D^{*\prime}M_{\hat{I}}X\beta_0/\sqrt{n}+D^{*\prime}(M_{\hat{I}}-M_I)\varepsilon/\sqrt{n}\\&=D^{*\prime}M_I\varepsilon/\sqrt{n}+T_{11}+T_{12}+T_{13}\end{aligned}$$

为了表述方便，我们标记 $m=X\beta_0+\varepsilon$ 和 $\zeta=\hat{D}-D^*$，对于一向量 $z\in R^n$，我们定义 $\hat{\beta}_z(A):=\arg\min_{\beta\in R^m}\|z-X\beta\|^2$，$\beta_j=0$，$\forall j\notin A$。

$$T_{11}=\frac{\zeta' M_{\hat{I}}m}{\sqrt{n}}=\frac{\varepsilon'\zeta}{\sqrt{n}}-\frac{(\hat{\beta}_m(\hat{I})-\beta_0)'X'\zeta}{\sqrt{n}} \quad (3.11)$$

由柯西施瓦兹不等式，根据引理 3.3.1，我们得到：

$$\left|\frac{\varepsilon'\zeta}{\sqrt{n}}\right|=\left|\frac{\varepsilon'(Z\hat{\theta}-Z\theta_0)}{\sqrt{n}}\right|\leqslant\frac{\|Z'\varepsilon\|_\infty}{\sqrt{n}}\cdot\|\hat{\theta}-\theta_0\|_1=O_p\left(\sqrt{\frac{s^2\log^2(m\vee n)}{n}}\right) \quad (3.12)$$

和

$$\left|\frac{(\hat{\beta}_m(\hat{I})-\beta_0)'X'\zeta}{\sqrt{n}}\right|\leqslant\|\hat{\beta}_m(\hat{I})-\beta_0\|_1\left|\frac{X'\zeta}{\sqrt{n}}\right|_\infty=O_p\left(\sqrt{\frac{s^2\log^2(m\vee n)}{n}}\right) \quad (3.13)$$

由引理 3.3.1 我们得 $\|\hat{\beta}'_m-\beta_0\|_1\leqslant\sqrt{\hat{s}+s}\ \|\hat{\beta}'_m-\beta_0\|=O_p(\sqrt{s^2\log(m\vee n)/n})$，

$\hat{s} \leqslant cs$，c 是大于 0 的常数。

其次，我们推导 $\| X'\zeta \|_\infty$ 的界。运用 Belloni 等（2012，2014）引理 2.1，我们推导出 $\| X'\upsilon \|$ 的界。当 $\iota_n \to \infty$ 很慢以至于 $1/\gamma = \iota_n = O_p(\log(n))$，依概率 1，我们有：

$$\max_{1 \leqslant j \leqslant m} \left| \frac{\sum_{i=1}^{n} x_{ij}\upsilon_i}{\sqrt{\sum_{i=1}^{n} x_{ij}^2 \upsilon_i^2}} \right| \leqslant \Phi^{-1}\left(1 - \frac{1}{2\iota_n m}\right) = O_p(\sqrt{2\log(2\iota_n m)}) = O_p(\sqrt{\log(m \vee n)})$$

对于充分大的 n，如果式子

$$\Phi^{-1}\left(1 - \frac{1}{2\iota_n m}\right) \leqslant \frac{n^{1/6}}{\iota_n} \min_{1 \leqslant j \leqslant m} M_j^2 - 1，\ M_j = \frac{E(x_{ij}^2 \upsilon_i^2)^{1/2}}{E(|x_{ij}^3| \cdot |\upsilon_i^3|)^{1/3}}$$

成立，由引理 3.6.1 可知，第一个不等号成立。由于 ι_n 很慢地增大，并且由条件（C）得到 $\log m = o(n^{1/3})$ 和 $\min_{1 \leqslant j \leqslant m} M_j = O(1)$，因此上面式子成立。

再由 $\max_{1 \leqslant j \leqslant m} \sum_{i=1}^{n} x_{ij}^2 \upsilon_i^2 / n = O_p(1)$，我们可得出：

$$\| X'\upsilon / \sqrt{n} \|_\infty = O_p(\sqrt{\log(m \vee n)}) \tag{3.14}$$

把式（3.12）和式（3.13）代入式（3.11）中，我们得出：

$$|T_{11}| = O_p\left(\sqrt{\frac{s^2 \log^2(m \vee n)}{n}}\right) \tag{3.15}$$

最后，

$$|T_{12}| = \left| \frac{D^{*\prime} M_{\hat{I}} X\beta_0 / \sqrt{n}}{\sqrt{n}} \right| \leqslant \sqrt{n} \left| \frac{M_{\hat{I}} X\beta_0 / \sqrt{n}}{\sqrt{n}} \right| \cdot \left| \frac{M_{\hat{I}} D^* / \sqrt{n}}{\sqrt{n}} \right| \tag{3.16}$$

由引理 3.3.1 得：

$$\| M_{\hat{I}} D^* \| / \sqrt{n} \leqslant \| M_{\hat{I}_2} D^* \| / \sqrt{n} = \| D^* - P_{\hat{I}_2} D^* \| / \sqrt{n}$$

$$\leqslant \| D^* - \hat{D} \| / \sqrt{n} \leqslant O_p\left(\sqrt{\frac{s\log(m \vee n)}{n^2}}\right)$$

和

$$
\begin{aligned}
&\| M_{\hat{I}}X\beta_0/\sqrt{n} \| - \| M_{\hat{I}}\alpha_0 D^*/\sqrt{n} \| \\
&\leqslant \| M_{\hat{I}}(\alpha_0 D^* + X\beta_0)/\sqrt{n} \| \\
&\leqslant \| M_{\hat{I}_1}(\alpha_0 D^* + X\beta_0)/\sqrt{n} \| \\
&\leqslant \| (\alpha_0 D^* + X\beta_0 - P_{\hat{I}_1}(\alpha_0 D^* + X\beta_0))/\sqrt{n} \| \\
&\leqslant \| (X\hat{\beta}_Y(\hat{I}_1) - \alpha_0 D^* - X\beta_0)/\sqrt{n} \| \\
&= O_p\left(\sqrt{\frac{s\log(m \vee n)}{n}}\right)
\end{aligned}
$$

这意味着，

$$
\| M_{\hat{I}}X\beta_0/\sqrt{n} \| = O_p\left(\sqrt{\frac{s\log(m \vee n)}{n}}\right)
$$

和

$$
| T_{12} | = O_p\left(\frac{s\log(m \vee n)}{n}\right) \tag{3.17}
$$

为了处理 T_{13} 项，我们假设 $\| M_{\hat{I}} - M_I \|_\infty$ 总是存在的。$M_{\hat{I}} - M_I$ 的最大值在它的第（k，l）个元素处取到，标记为 m_Δ。由 $M_{\hat{I}} - M_I = P_I - P_{\hat{I}}$，我们有 $m_\Delta = \sum_{j\in I}\sum_{i\in I} x_{ki}A_{ij}x_{lj} - \sum_{j\in \hat{I}}\sum_{i\in \hat{I}} x_{ki}\widetilde{A}_{ij}x_{lj}$，其中 $A = (A'_I A_I)^{-1}$ 和 $\widetilde{A} = (A'_{\hat{I}}A_{\hat{I}})^{-1}$。对于任何 $\delta>0$，我们有

$$
\begin{aligned}
P(| m_\Delta | > \delta) = P\left(\left| \sum_{j\in I}\sum_{i\in I} x_{ki}A_{ij}x_{lj} - \sum_{j\in \hat{I}}\sum_{i\in \hat{I}} x_{ki}\widetilde{A}_{ij}x_{lj} \right| > \delta\right) \leqslant \\
P\left(\left| \sum_{i,\ j\in I\cap \hat{I}} (x_{ki}A_{ij}x_{lj} - x_{ki}\widetilde{A}_{ij}x_{lj}) \right| > \delta/3\right) + \\
P\left(\left| \sum_{i,\ j\in I\cap \hat{I}^c} (x_{ki}A_{ij}x_{lj} - x_{ki}\widetilde{A}_{ij}x_{lj}) \right| > \delta/3\right) + \\
P\left(\left| \sum_{i,\ j\in I^c\cap \hat{I}} (x_{ki}A_{ij}x_{lj} - x_{ki}\widetilde{A}_{ij}x_{lj}) \right| > \delta/3\right) \\
\to 0
\end{aligned}
$$

其中，由于 $A_{ij}=\tilde{A}_{ij}$，i，$j\in I$，第一项依概率 0 发生。由于变量选择一致性即 $p(\hat{I}=I)\to 1$，后两项趋近 0。因此，$m_{\Delta}=o_p(1)$。由条件(B)和条件(D)，我们得出：

$$T_{13}=\frac{D^{*\prime}(M_{\hat{I}}-M_I)\varepsilon}{\sqrt{n}}\leqslant\frac{D^{*\prime}\varepsilon}{\sqrt{n}}o_p(1)=o_p(1) \tag{3.18}$$

由式（3.15）、式（3.17）和式（3.18），我们得出：

$$|T_1|=\frac{D^{*\prime}M_I\varepsilon}{\sqrt{n}}+o_p(1) \tag{3.19}$$

步骤 3：接下来，我们处理 T_2 项：

$$\begin{aligned}
T_2&=\hat{D}'M_{\hat{I}}D/n\\
&=(\hat{D}-D^*+D^*)'M_{\hat{I}}(D^*+\upsilon)/n\\
&=D^{*\prime}M_ID^*/n+(\hat{D}-D^*)'M_{\hat{I}}D^*/n+(\hat{D}-D^*)'M_{\hat{I}}\upsilon/n+D^{*\prime}M_{\hat{I}}\upsilon/n+\\
&\quad D^{*\prime}(M_{\hat{I}}-M_I)D^*/n\\
&=D^{*\prime}M_ID^*/n+T_{21}+T_{22}+T_{23}+T_{24}
\end{aligned} \tag{3.20}$$

首先考虑 T_{21}，

$$T_{21}=\frac{\zeta'M_{\hat{I}}D^*}{n}=\frac{\zeta'D^*-\zeta'P_{\hat{I}}D^*}{n}=T_{21,a}-T_{21,b} \tag{3.21}$$

由条件（D）和引理 3.3.1：

$$\begin{aligned}
|T_{21,a}|&=\left|\frac{\sum_{i=1}^{n}(\hat{D}_i-D_i^*)D^*}{n}\right|\leqslant\frac{\|\hat{D}-D^*\|\cdot\|D^*\|}{n}\\
&=O_p\left(\sqrt{\frac{s\log(m\vee n)}{n}}\right)
\end{aligned} \tag{3.22}$$

$$\begin{aligned}
|T_{21,b}|&=\left|\frac{\zeta'P_{\hat{I}}D^*}{n}\right|=\left|\frac{D^{*\prime}X_{\hat{I}}(X'_{\hat{I}}X_{\hat{I}})^{-1}X'_{\hat{I}}\zeta'}{n}\right|=\left|\frac{D^{*\prime}X_{\hat{I}}\hat{\beta}_{\zeta}(\hat{I})}{n}\right|\\
&=\left|\frac{\hat{\beta}'_{\zeta}(\hat{I})X'_{\hat{I}}D^*}{n}\right|\leqslant\|\hat{\beta}_{\zeta}(\hat{I})\|_1\cdot\|X'_{\hat{I}}D^*/n\|_{\infty}
\end{aligned}$$

$$= \|\hat{\beta}_{\zeta}(\hat{I})\|_1 \max_{1\leqslant j\leqslant \hat{s}} \left| \sum_{i=1}^{n} x_{ij} D_i^* / n \right|$$

$$= O_p\left(s\sqrt{\frac{\log(m \vee n)}{n}}\right) O_p(1)$$

$$= O_p\left(s\sqrt{\frac{\log(m \vee n)}{n}}\right) \tag{3.23}$$

式(3.23) 来源于条件(D) 和

$$\|\hat{\beta}_{\zeta}(\hat{I})\|_1 \leqslant \sqrt{s}\,\|\hat{\beta}_{\zeta}(\hat{I})\|_2 = \sqrt{s}\,\|(X'_{\hat{I}}X_{\hat{I}})^{-1}X'_{\hat{I}}\zeta/n\|_2$$

$$\leqslant \sqrt{s}\,\phi_{\min}^{-1}(\sqrt{s})\,\sqrt{\hat{s}}\,\|X'\zeta/\sqrt{n}\|_\infty$$

$$= O_p\left(s\sqrt{\frac{\log(m \vee n)}{n}}\right) \tag{3.24}$$

条件（A）保证了式（3.24）的成立。由式（3.21）、式（3.22）和式（3.23），我们得出：

$$|T_{21}| = O_p\left(\sqrt{\frac{s^2\log(m \vee n)}{n^2}}\right) \tag{3.25}$$

其次，我们处理 T_{22}：

$$T_{22} = \frac{\zeta' M_{\hat{I}} \upsilon}{n} = \frac{\zeta'\upsilon}{n} - \frac{\zeta' P_{\hat{I}} \upsilon}{n} = T_{22,a} - T_{22,b} \tag{3.26}$$

首先，

$$|T_{22,a}| = \left|\frac{\zeta'\upsilon}{n}\right| = \left|\frac{\sum_{i=1}^{n}(\hat{D}_i - D_i^*)}{n}\right| \leqslant \frac{\|\hat{D}-D^*\| \cdot \|\upsilon\|}{n}$$

$$= O_p\left(\sqrt{\frac{s\log(m \vee n)}{n}}\right) \tag{3.27}$$

由引理 3.3.1 和条件（B），我们得出：

$$|T_{22,b}| = \left|\frac{\zeta' P_{\hat{I}} \upsilon}{\sqrt{n}}\right| = \left|\frac{\zeta' X_{\hat{I}}(X'_{\hat{I}}X_{\hat{I}})^{-1}X'_{\hat{I}}\upsilon}{\sqrt{n}}\right|$$

$$= \left| \frac{\hat{\beta}'_v(\hat{I}) X'_{\hat{I}}\zeta}{\sqrt{n}} \right| \leqslant \| \hat{\beta}_v(\hat{I}) \|_1 \cdot \| X'_{\hat{I}}\zeta / \sqrt{n} \|_\infty = O_p\left(s\sqrt{\frac{\log(m \vee n)}{n}} \right) \tag{3.28}$$

联合式（3.26）、式（3.27）和式（3.28），我们得出：

$$|T_{22}| = O_p\left(s\sqrt{\frac{\log(m \vee n)}{n}} \right) \tag{3.29}$$

其次，我们处理 T_{23}：

$$T_{23} = \frac{D^{*\prime} M_{\hat{I}} v}{n} = \frac{D^{*\prime} v}{n} - \frac{D^{*\prime} P_{\hat{I}} v}{n} = T_{23,a} - T_{23,b}$$

由条件（B）和条件（D），得 $|T_{23,a}| = o_p(1)$。同理，我们有：

$$T_{23,b} = \left| \frac{D^{*\prime} P_{\hat{I}} v}{n} \right| = O_p\left(s\sqrt{\frac{\log(m \vee n)}{n}} \right)$$

因此，我们得出：

$$|T_{23}| = O_p\left(s\sqrt{\frac{\log(m \vee n)}{n}} \right) \tag{3.30}$$

和处理 T_{14} 的方式相同，由条件（D）得：

$$T_{24} = D^{*\prime}(M_{\hat{I}} - M_I) D^* / n = o_p(1) \tag{3.31}$$

将式（3.21）、式（3.29）、式（3.30）、式（3.31）代入式（3.20），我们得出：

$$|T_2| = \frac{D^{*\prime} M_I D^*}{n} + o_p(1) \tag{3.32}$$

证毕。

4 基于 Logistic 约简形模型和双选的二元内生平均处理效应估计

4.1 研究目的

实证经济学家往往对用大规模的观测数据集估计经济政策对目标变量的因果效应感兴趣。由于感兴趣的经济变量常常是非随机分配干预的，通常假设给定合适的控制变量后，处理效应变量是外生的。Hirano 等（2003）提出用估计的倾向得分控制住混淆变量的影响后再估计平均处理效应。但是，由于样本选择或重要控制变量数据的缺失，处理效应变量常常是内生性的。此时，普通最小二乘估计量是不相合的。工具变量法常被用来解决处理效应变量的内生性问题。Das（2005）提出用非参形式的两阶段最小二乘法估计一个含有内生离散变量的非参模型。Wooldridge（2014）提出用控制函数法来估计离散内生解释变量的系数。最优工具变量是给定有效工具变量时内生变量的条件期望，其可以使工具变量估计量渐近方差最小（Amemiya，1974）。实际操作中，大量工具变量的使用可以提高工具变量估计量的精确性，但是，弱工具变量的使用会使工具变量估计量的偏误较大。Kloek 和 Mennes（1960）提出用主成分来降低工具变量的维度。Belloni 等（2012）提出，在高维线性工具变量模型中用 Lasso 筛选得到的工具变量估计最优工具变量。Farrell（2015）研究了当协变量的个数大于样本量时处理效应的估计问题。Fan 和 Zhong（2018）提出用高维非参可加约简形模型估计最优工具变量，这一非参方法可以捕捉到工具变量对内生变量的非线性影响。这一想法和 Newey（1990）的做法一致。Belloni 等（2012）与 Fan 和 Zhong（2018）提出的方法不能很好地反映二元内生处理效应变量最优工具变量的概率属性，所以用该方法得到的二元内生处理效应估计量方差较大。该情形驱使我们提出一种有效的估计方法，既能很好地剔除弱工具变量又能很好地估计二元内生处理效应变量的最优工具变量以提高估计量的效率。

此外，有效的工具变量既需要满足独立性约束，即给定控制变量，工具变量与潜在结果独立；也要满足排他性约束，即给定控制变量，工具变量不对被解释变量有直接影响（Abadie，2003，Frölich，2007）。Frölich（2007）研究了在考虑控制变量时用工具变量估计内生处理效应的问题，但是他们假设给定有效的控制变量，工具变量满足独立性约束和排他性约束。若给定许多潜在控制变量，工具变量满足独立性和排他性约束，此时，如何从控制变量中筛选出合适的控制变量呢？经济学实证研究中，没有一个明确的准则指导如何选择控制变量（Donohue Ⅲ和 Levitt，2001）。实证经济学家按照经验选择控制变量容易遗漏重要的控制变量。一种选择控制变量的方式是用变量选择方法从大量潜在控制变量中筛选出有效的控制变量。条件均值独立假设成立时，即控制充分多的混淆变量后处理效应变量是随机分配干预的（Imbens，2004；Imbens 和 Rubin，2015）。Belloni 等（2014）提出用双选方法识别合适的控制变量。但是，重要控制变量数据的缺失或者样本选择使得处理效应变量是内生的，此时，DS 估计量是不相合的。我们用许多甚至是高维的工具变量解决处理效应变量的内生性问题，若给定大量潜在控制变量，工具变量满足独立性约束和排他性约束，双选法被用来筛选控制变量。首先，选择对被解释变量有解释力的控制变量；其次，选择对处理效应变量有解释力的控制变量；最后，被解释变量对二元内生处理效应变量最优工具变量估计量和上述两个步骤筛选得到的控制变量并集作回归得到二元内生处理效应的双选加 Logistic 回归工具变量估计量（DS-LIVE）。双选方法可以解决不完美模型选择带来的遗漏变量偏误问题。

我们用 Logistic 约简形模型估计二元内生处理效应变量的最优工具变量，双选法被用来得到合适的控制变量。由此我们提出了估计二元内生处理效应的双选加 Logistic 回归工具变量估计量。理论上证明了 DS-LIVE 是 $\sqrt{n}$ 相合的和渐近正态的。当潜在工具变量有很多甚至是高维时，Lasso 可以剔除弱工具变量以达到降低工具变量维度的目的。而用 Logistic 约简形模型估计二元内生处理效应变量的最优工具变量可以提高工具变量估计量的效率。而双选方法可以避免单选法不完美模型选择带来的遗漏变量偏误问题。而后文中的蒙特卡洛模拟研究显示，相较于其他估计量，我们提出的估计量有更小的偏误和均方误差，这就验证了上面我们关于 DS-LIVE 估计量优良性质的推论。

本章结构安排如下：在第二部分，我们描述了本书提出的二元内生处理效应估计方法和双选加 Logistic 回归工具变量估计量。第三部分展现了 DS-LIVE 估计量的理论性质。在第四部分，我们用蒙特卡洛模拟展示了我们提出的 DS-LIVE 估计量的有限样本性质。第五部分估计了教师家访对学生学业表现的处理效应。所有证明都写在本章附录中。

4.2 方法

4.2.1 模型设定

我们考虑如下有一个内生处理效应变量的结构模型：

$$y_i = D_i\alpha_0 + X'_i\beta_0 + \varepsilon_i, \tag{4.1}$$

其中，y_i 是被解释变量；D_i 是内生处理效应变量；α_0 是 D_i 的真实系数；X_i 是 $p\times1$ 维的控制变量；β_0 是 X_i 的 $p\times1$ 维系数向量；ε_i 是随机扰动项，$i=1$，…，n，n 是样本量。我们允许 X_i 的维度 p 大于样本量 n，为了能够估计式（4.1），我们假设 X_i 是稀疏的，即 $\|\beta_0\|_0 \leq s$。我们模型的另一个特点是：D_i 是内生的，即 $E(\varepsilon_i \mid D_i) \neq 0$。我们假设 X_i 是外生的，X_i 的第一个元素是1，相应的系数 β_1 是结构模型(4.1)的截距。本节的处理效应变量 D_i 是二元的，即当第 i 个体位于处理组时，$D_i=1$；第 i 个体位于控制组时，$D_i=0$。与 Abrevaya 等（2015）不同的是，我们关注无混淆分配假设不成立时平均处理效应的估计问题。

工具变量方法常被用来得到内生处理效应的相合估计量。我们假设存在 $q_n\times1$ 维的工具变量，标记为 $Z_i=(z_{i1}, \cdots, z_{iq_n})'$。最优工具变量是给定有效工具变量时内生变量的条件期望，它可以使工具变量估计量的渐近方差最小（Amemiya，1974；Newey，1990）。由于式（4.1）中的内生处理效应变量 D_i 是二元的，因此其最优工具变量 $E(D_i \mid Z_i) = P(D_i = 1 \mid Z_i)$，也是给定有效工具变量 Z_i 时处理干预的倾向得分。两阶段最小二乘法用 D_i 对 Z_i 的线性回归来

估计 D_i 最优工具变量，其得到的最优工具变量估计量通常不在二元内生处理效应变量最优工具变量取值范围［0，1］内。因此，传统的2SLS估计量方差往往较大。鉴于二元内生处理效应变量最优工具变量的概率属性，Logistic 约简形模型被用来估计 D_i 最优工具变量。工具变量需要满足独立性约束和排他性约束。给定许多潜在控制变量，工具变量满足独立性约束和排他性约束，双选方法被用来决定哪些合适的控制变量应该包含在结构模型中（Belloni 等，2014）。与 Lin 等（2015）提出的筛选控制变量的单选方法相比，双选方法可以避免单选法不完美模型选择带来的遗漏变量偏误问题。

4.2.2 双选加 Logistic 回归工具变量估计量（DS-LIVE）

我们用 Logistic 约简形模型描述二元内生处理效应变量 D_i 和工具变量 $(X'_i, Z'_i)'$之间的关系，即：

$$p(Z_i, X_i; \gamma_n, \omega_n)=\frac{\exp(\gamma'_n\tilde{Z}_i+\omega'_nX_i)}{1+\exp(\gamma'_n\tilde{Z}_i+\omega'_nX_i)}, \tag{4.2}$$

其中，我们标记 D_i 的最优工具变量为 $p(Z_i, X_i; \gamma_n, \omega_n)=P(D_i=1 \mid X_i, Z_i)$，$\tilde{Z}_i=(1, Z'_i)'$。为了能够估计式(4.2)，我们假设工具变量$(Z'_i, X'_i)'$是稀疏的，即$\|(\gamma'_n, \omega'_n)'\|_0\leqslant k$。

我们考虑大量甚至是高维工具变量的初衷是显然的：许多潜在工具变量被用来提高工具变量估计量的精确性（Donald 和 Newey，2001；Belloni 等，2012）。但是，弱工具变量的使用可能导致工具变量估计量是不相合的并且渐近方差较大。若工具变量的稀疏性假设成立，变量选择方法可被用来剔除弱工具变量。Belloni 等（2012）提出用 Lasso 筛选得到的工具变量估计内生变量的最优工具变量，且证明其提出的 Post-Lasso 估计量是 $\sqrt{n}$ 相合的和渐近正态的。

我们提出的 DS-LIVE 算法由下面三个步骤组成：

第一步，由数据（y_i，X_i），我们用变量选择方法选择对被解释变量 y_i 有解释力的重要控制变量。我们考虑如下带有惩罚项的目标函数：

$$L_{n1}(y_i, X_i; \beta, \lambda_{n2}) = \sum_{i=1}^{n} (y_i - X'_i\beta)^2 + \sum_{j=1}^{p} p_{\lambda_{n2}}(|\beta_{nj}|),$$

其中，λ_{n2} 是控制模型复杂度的调节参数，$p_{\lambda_{n2}}(\cdot)$是惩罚项。通过最小化目标函数 $L_{n1}(y_i, X_i; \beta, \lambda_{n2})$，我们得到惩罚估计量 $\hat{\beta}$：

$$\hat{\beta} = (\hat{\beta}_1, \cdots, \hat{\beta}_p) = \arg\min_{\beta} L_{n1}(y_i, X_i; \beta, \lambda_{n2}),$$

我们标记用数据(y_i，X_i)筛选得到的控制变量指标集为 $\hat{I}_1 = \{j: \hat{\beta}_j \neq 0, j = 1, \cdots, p\}$。

第二步，我们用数据(D_i，X_i，Z_i)筛选得到对二元处理效应变量 D_i 有解释力的重要控制变量和工具变量，并得到 D_i 的最优工具变量估计量。这一步可以得到额外重要的控制变量，这些新得到的控制变量却可能在第一步筛选控制变量中被遗漏。我们考虑如下目标函数：

$$Q_{n2}(D_i, Z_i, X_i; \gamma_n, \omega_n, \lambda_{n3})$$

$$= \sum_{i=1}^{n} [D_i(\gamma'_n\tilde{Z}_i + \omega'_nX_i) - \log(1 + \exp(\gamma'_n\tilde{Z}_i + \omega'_nX_i))] - n\sum_{j=1}^{q} p_{\lambda_{n3}}(|\gamma_{nj}|) - n\sum_{k=1}^{p} p_{\lambda_{n3}}(|\omega_{nk}|),$$

通过最大化目标函数 $Q_{n2}(D_i, Z_i, X_i; \gamma_n, \omega_n, \lambda_{n3})$，我们得到估计量$(\hat{\gamma}'_n, \hat{\omega}'_n)'$：

$$(\hat{\gamma}'_n, \hat{\omega}'_n)' = \arg\min_{\gamma_n, \omega_n} Q_{n2}(D_i, Z_i, X_i; \gamma_n, \omega_n, \lambda_{n3}),$$

标记用数据(D_i，X_i，Z_i)筛选得到的重要控制变量指标集 $\hat{I}_2 = \{j: \hat{\omega}_j \neq 0\}$，$j = 1, \cdots, p$。二元内生处理效应变量 D_i 的最优工具变量估计量为 $\hat{D}_i^* = \hat{p}(Z_i, X_i; \hat{\gamma}_n, \hat{\omega}_n)$。

第三步，由第二步得到 D_i 的最优工具变量估计量 $\hat{D}_i^*$ 和上述两个步骤得到的重要控制变量并集 $X_{\hat{I}}$，其中 $\hat{I} = \hat{I}_1 \cup \hat{I}_2$，我们定义二元内生处理效应 α_0 的双选加 Logistic 回归工具变量估计量（DS-LIVE）为：

$\hat{\alpha}=(\hat{D}^{*\prime}M_{\hat{I}}D)^{-1}(\hat{D}^{*\prime}M_{\hat{I}}Y)$,

其中，$M_{\hat{I}}=I_n-P_{\hat{I}}$，$P_{\hat{I}}=X_{\hat{I}}(X'_{\hat{I}}X_{\hat{I}})^{-1}X'_{\hat{I}}$。

4.3 理论性质

为了得到我们提出的 DS-LIVE 估计量的理论性质，我们施加下面的假设条件。

假设（A）：定义 $\phi_{\min}(m)[M]=\min_{1\leqslant\|\delta\|_0\leqslant m}\frac{\delta' M\delta}{\|\delta\|^2}$ 和 $\phi_{\max}(m)[M]=\max_{1\leqslant\|\delta\|_0\leqslant m}\frac{\delta' M\delta}{\|\delta\|^2}$ 为半定矩阵 M 的最小和最大 m 稀疏特征值。存在一个序列 $a_n\to\infty$，式子 $k'\leqslant\phi_{\min}(a_n s)\left(\frac{\sum_{i=1}^{n}X_iX'_i}{n}\right)\leqslant\phi_{\max}(a_n s)\left(\frac{\sum_{i=1}^{n}X_iX'_i}{n}\right)\leqslant k''$ 以至少 $1-\Delta_n$ 的概率成立，其中，$0<k'<k''<\infty$ 为常数，Δ_n 是很小的正数。

假设（B）：两个随机扰动项满足 $E(\varepsilon_i^2)<\infty$ 和 $E(\upsilon_i^2)<\infty$，其中 $i=1, \cdots, n$。

假设（C）：$\log(p)/n^{1/3}\to 0$。

假设（D）：$E(D_i^2)<\infty$，$\max_{1\leqslant j\leqslant s}\left|\frac{x_{ij}D_i^*}{n}\right|<\infty$。

假设（E）：$\max_{1\leqslant j\leqslant p}\sqrt{\frac{1}{n}\sum_{i=1}^{n}x_{ij}^2\upsilon_i^2}\leqslant O_p(1)$，$\min_{1\leqslant j\leqslant p}\frac{E^{1/2}(x_{ij}^2\upsilon_i^2)}{E^{1/3}(x_{ij}^3\upsilon_i^3)}\geqslant c$。

假设（A）是稀疏特征值假设（Belloni 等，2014）。假设（B）是对随机扰动项 ε_i，υ_i 距条件的设定。假设（C）是 X_i 维度的阶的设定。假设（D）是对与二元内生处理效应变量有关的项距条件的设定。假设（E）是一些重要项的距条件的设定，使得引理 4.6.1 结论成立的条件得以满足。

定理 4.3.1 如果假设（A）~假设（D）成立，则二元内生处理效应 α_0 的双选加 Logistic 回归工具变量估计量（DS-LIVE）是$\sqrt{n}$相合的和渐近正态的：

$$\sigma_n^{-1}\sqrt{n}(\hat{\alpha}-\alpha_0)\to^d N(0,\ 1), \tag{4.3}$$

其中，结构模型随机扰动项为条件异方差时，我们有 $\sigma_n^2=\left(E\left(\frac{D^{*\prime}M_I D^*}{n}\right)\right)^{-1} E\left(\frac{D^{*\prime}M_I\varepsilon\varepsilon' M_I D^*}{n}\right)\left(E\left(\frac{D^{*\prime}M_I D^*}{n}\right)\right)^{-1}$，条件同方差时，有 $\sigma_n^2=\left(E\left(\frac{D^{*\prime}M_I D^*}{n}\right)\right)^{-1}\sigma_\varepsilon^2$，Var（$\varepsilon_i \mid Z_i,\ X_i$）$=\sigma_\varepsilon^2$。

定理 4.3.1 说明我们提出的双选加 Logistic 回归工具变量估计量是$\sqrt{n}$相合的和渐近正态的。条件同方差时，$E(\nu_i^2 \mid x_i,\ z_i)=\sigma_\nu^2$ 是一个常数，统计推断时，渐近方差估计量为 $\hat{\sigma}_n^2=\left(\frac{\hat{D}^{*\prime}M_{\hat{I}}\hat{D}^*}{n}\right)^{-1}\frac{(Y-D\hat{\alpha}-X_{\hat{I}}\hat{\beta})'(Y-D\hat{\alpha}-X_{\hat{I}}\hat{\beta})}{n}$，$\hat{\beta}$ 为 β_0 的工具变量估计量。条件异方差时，渐近方差估计量为：

$$\hat{\sigma}_n^2=\left(\frac{\hat{D}^{*\prime}M_{\hat{I}}\hat{D}^*}{n}\right)^{-1}\frac{\hat{D}^{*\prime}M_{\hat{I}}(Y-D\hat{\alpha}-X_{\hat{I}}\hat{\beta})(Y-D\hat{\alpha}-X_{\hat{I}}\hat{\beta})'M_{\hat{I}}\hat{D}^*}{n}\left(\frac{\hat{D}^{*\prime}M_{\hat{I}}\hat{D}^*}{n}\right)^{-1}。$$

4.4 数值模拟

我们考虑如下的结构模型：

$$y_i=D_i\alpha_0+X'_i\beta_0+\varepsilon_i,$$

其中，真实的处理效应 $\alpha_0=0.75$，$\beta_0=(3,\ 0.15,\ 0.18,\ 1.5,\ 2,\ 0_{p-5})'$。

用单选方法筛选控制变量时，那些系数较小的控制变量可能被遗漏。

二元内生处理效应变量 D_i 由下面约简形模型对应的伯努利分布产生：

$$P(D_i=1\mid X_i, Z_i)=\frac{\exp(0.8x_{i1}+1.96x_{i2}+1.85x_{i3}+0.9x_{i4}+0.7x_{i5}+1.16z_{i1}+0.7z_{i2}+0.95z_{i3}+\xi_i)}{1+\exp(0.8x_{i1}+1.96x_{i2}+1.85x_{i3}+0.9x_{i4}+0.7x_{i5}+1.16z_{i1}+0.7z_{i2}+0.95z_{i3}+\xi_i)}。$$

其中，我们从一个多元正态分布 $N(0, \sum_X)$ 产生控制变量 X_i，其中 $\sum_X=(\rho_{ij})_{p\times p}$，$\rho_{ij}=0.5^{|i-j|}$，$i, j=1, \cdots, p$，$p=200$；从另一个多元正态分布 $N(0, \sum_Z)$ 产生工具变量为 Z_i，其中 $\sum_Z=(\rho_{ij})_{q\times q}$，$\rho_{ij}=0.5^{|i-j|}$，$i, j=1, \cdots, q$，$q=20$；样本量 $n=100$。为了保证 D_i 的内生性，两个随机扰动项（ε_i，ξ_i）从如下二元正态分布产生：

$$\begin{pmatrix}\varepsilon_i\\ \xi_i\end{pmatrix}\sim N\left(\begin{pmatrix}0\\0\end{pmatrix}, \begin{pmatrix}1 & 0.9\\ 0.9 & 1\end{pmatrix}\right)。$$

我们用两种不同的变量选择方法（Lasso 和 SCAD）来得到二元内生处理效应的 DS-LIVE 估计量，分别标记为 DS-LIVE-Lasso 和 DS-LIVE-SCAD。当不考虑处理效应变量的内生性问题时，我们分别用单选方法（Lasso 和 SCAD）和双选方法（DS-Lasso 和 DS-SCAD）来估计二元内生处理效应。当不考虑处理效应变量的二元属性时，我们用传统的两阶段最小二乘法 2SLS 和双选方法估计二元内生处理效应，分别标记为 DS-TSLS-Lasso 和 DS-TSLS-SCAD。DS-TSLS-Lasso 可以看作 Belloni 等（2012）提出的 Post-Lasso 方法和 Belloni 等（2014）提出的双选方法的结合。

为了评估二元内生平均处理效应各种估计量的有限样本表现，我们计算了偏误的平均值（标记为“偏误”）$R^{-1}\sum_{k=1}^{R}(\hat{\alpha}_k-\alpha_0)$ 和均方误差（标记为“均方误”），$R^{-1}\sum_{k=1}^{R}(\hat{\alpha}_k-\alpha_0)^2$，其中，$\hat{\alpha}_k$ 是 α_0 的第 k 次模拟估计值。表 4.1 展示了

由 1000 次模拟计算得到的二元内生平均处理效应各种估计量的偏误、标准差和均方误差。图 4. 1 展示了二元内生平均处理效应各种估计量的箱线图。当不考虑处理效应变量的内生性问题时，相比较于 Lasso 和 SCAD，DS-Lasso 和 DS-SCAD 有更小的偏误，理由是双选方法可以减少不完美模型选择带来的遗漏变量偏误。与 DS-TSLS-Lasso（DS-TSLS-SCAD）相比，DS-LIVE-Lasso（DS-LIVE-SCAD）的偏误和均方误差更小，原因是 Logistic 约简形模型很好地反映了二元处理效应变量最优工具变量的概率属性。

表 4. 1 内生处理效应（$\alpha_0=0.75$）各种估计量的偏误和均方误

方法	偏误	均方误	方法	偏误	均方误
Lasso	0. 1588 (0. 1631)	0. 0518	SCAD	0. 2262 (0. 1894)	0. 0870
DS-Lasso	0. 1259 (0. 1644)	0. 0429	DS-SCAD	0. 0939 (0. 1840)	0. 0426
DS-TSLS-Lasso	0. 0894 (1. 1882)	1. 4185	DS-TSLS-SCAD	-0. 0472 (0. 5334)	0. 2864
DS-LIVE-Lasso	0. 0206 (0. 1882)	0. 0358	DS-LIVE-SCAD	-0. 0017 (0. 2062)	0. 0425

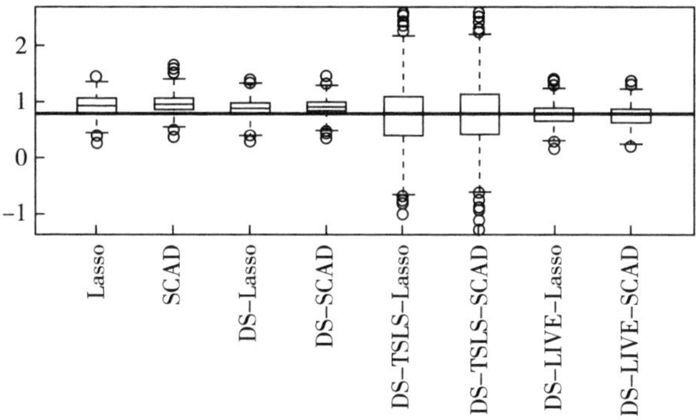

图 4. 1 内生处理效应（$\alpha_0=0.75$）各种估计量的箱线图

4.5 教师家访对学生学业表现的处理效应

在这一部分，我们用中国教育追踪调查数据（CEPS）和 DS-LIVE 方法研究教师家访对学生学业表现的影响。

我们考虑的基本计量模型是：

$Score_i = d_i\alpha_0 + X'_i\beta_0 + \varepsilon_i$。

其中，$Score_i$ 是学生的数学、语文、英语分数；d_i 是表示家访的处理效应变量，如果在某个学年班主任对学生进行了家访，则 $d_i = 1$；X_i 是控制变量，包括学生性别、认知能力测试得分、健康状态、放学后的总学习时间、母亲的受教育程度、家庭收入、兄弟姊妹数量、学生是否和爷爷奶奶一起居住以及任课老师的一些特征变量包括年龄、性别、总的教课时间等。

家访不是随机发生的，不可观测因素如学生对某个学科的兴趣既影响家访的决定又影响学生成绩。家访的内生性问题会造成估计结果偏误和不正确政策含义。我们用工具变量来解决家访的内生性问题。在教育经济学研究中，经典的工具变量是学生的出生月份，但出生月份可能是一个弱工具变量（Angrist 和 Krueger，1991）。除出生月份外，我们考虑将非班主任老师和不同学科老师的特征变量作为工具变量。假如我们的被解释变量是数学成绩，处理效应变量是班主任老师是否家访。我们用不同任课老师和非班主任老师的特征变量作为家访的工具变量。工具变量不直接影响被解释变量或者在控制了充分多的控制变量后与随机扰动项无关。我们考虑的潜在工具变量包括不同学科的且不是班主任老师的年龄、婚姻状况、性别、上周总的课时量、上周总备课时间、上周批改作业花费的时间、课后和学生交流的分钟数。我们也将包含离散和连续变量的最高到 3 阶项和交互项作为潜在工具变量。为了消除异常值的影响，我们删除了学科分数和工具变量如上周备课时间的下5%分位数和上 95%分位数。潜在控制变量为学生和家长的特征变量，包括学生身高、体重、年级、睡眠时间、课外活动、家庭活动等。在实证研究中，我们主要关注 7 年级的学生，样本量为 7617，有家访的样本占比为42.93%。

尽管我们得到了许多变量，但由于遗漏了重要的控制变量，内生性问题仍然存在。双选方法也不能得到处理效应的相合估计量。一方面，我们无法确定哪个控制变量是重要的；另一方面，我们不知道哪个工具变量是重要的。因此，DS-LIVE 方法可以被用来估计家访对学生学科成绩的影响。

估计结果如表 4.2 所示。无论是包含控制变量的普通最小二乘估计 OLS（一元）还是不包含控制变量的普通最小二乘估计 OLS（多元）都表明教师家访对学生三门学科成绩的影响是不显著的，甚至对英语成绩的影响为负。这是由于 OLS 没有解决家访变量的内生性问题，其估计结果是有偏的。TSLS 估计结果显示，保持其他对三门学科成绩有影响的因素不变，教师家访提高了三门学科成绩大约 0.5 分（以总分 100 分算）。虽然双选选择了对三门学科成绩有影响的重要控制变量，但是由于没有解决教师家访的内生性问题，该估计量仍然是有偏的。双选估计得到的处理效应估计值为 TSLS 的一半。Post-Lasso 估计得到的教师家访对三门学科成绩的影响比 TSLS 估计的值要大。我们提出的 DS-LIVE 估计量得到了最有力的证据，表明教师家访对学生三门学科成绩有正向作用，教师家访提高了三门学科成绩大约 1.2 分，大约是 TSLS 估计得到的分数的两倍，并且估计结果在 1%的显著性水平下不等于 0。

表 4.2 估计得到的教师家访对学生学业表现的处理效应

变量	数学成绩		语文成绩		英语成绩	
	系数	标准误	系数	标准误	系数	标准误
OLS（一元）	-0.150	0.198	-0.159	0.198	- 0.379*	0.198
OLS（多元）	0.003	0.212	0.052	0.199	-0.055	0.201
TSLS	0.624**	0.297	0.556*	0.290	0.497*	0.292
DS	0.337*	0.201	0.381*	0.210	0.225	0.204
Post-Lasso	0.730**	0.317	0.646*	0.355	0.538*	0.322
DS-LIVE	1.273***	0.291	1.159***	0.304	1.218***	0.310

注：***、**和*分别表示 0.01、0.05 和 0.1 的显著性水平。

4.6 本章附录

引理 4.6.1： 设 X_{ij} 是独立同分布且均值为 0 的随机变量，则我们有：

$$P(\max_{1\leqslant j\leqslant p} | S_j | > \Phi^{-1}(1-\gamma/2p)) \leqslant \gamma(1+A/\iota_n^3) \tag{4.4}$$

其中，$S_j = \dfrac{\sum_{i=1}^{n} x_{ij}}{\sqrt{\sum_{i=1}^{n} x_{ij}^2}}$，$\Phi(\cdot)$是标准正态分布的分布函数，$A$ 是一个正常数，$\iota_n>0$，$0\leqslant\Phi^{-1}(1-\gamma/(2p))\leqslant\dfrac{n^{1/6}}{\iota_n}\min_{1\leqslant j\leqslant p}M_j^2-1$，$M_j=\dfrac{E^{1/2}(x_{ij}^2)}{E^{1/3}(x_{ij}^3)}$。

该引理来源于 Jing 等（2003），也出现在 De la Pena 等（2009）、Belloni 等（2012，2014）以及 Fan 和 Zhong（2018）中。

引理 4.6.2：（关于$\| X'\nu/\sqrt{n} \|_\infty$的界）若假设（C）和假设（E）成立，则我们有：

$$\| X'\nu/\sqrt{n} \|_{\infty} = O_p(\sqrt{\log(p \vee n)}) \tag{4.5}$$

证明引理 4.6.2：存在 ι_n 很缓慢趋于∞，$1/\gamma=\iota_n \leqslant C\log(n)$，我们有：

$$\max_{1\leqslant j\leqslant p}\left|\frac{n^{-1/2}\sum_{i=1}^{n}x_{ij}\nu_i}{\sqrt{1/n\sum_{i=1}^{n}x_{ij}^2\nu_i^2}}\right| \leqslant \Phi^{-1}\left(1-\frac{1}{2\iota_n p}\right) \leqslant C_1\sqrt{2\log(2\iota_n p)}$$

$$\leqslant C_2\sqrt{\log(p \vee n)} \tag{4.6}$$

如果下面不等式（4.7）表示的条件成立，由引理 4.6.1 可得第一个不等号：

$$\Phi^{-1}(1-/(2\iota_n p)) \leqslant \frac{n^{1/6}}{\iota_n}\min_{1\leqslant j\leqslant p}M_j^2-1,\ M_j=\frac{E^{1/2}(x_{ij}^2\nu_i^2)}{E^{1/3}(x_{ij}^3\nu_i^3)} \tag{4.7}$$

由假设（C）和假设（E）$\log(p)/n^{1/3}\rightarrow 0$ 和 $\min_{1\leqslant j\leqslant p}M_j \geqslant c$，可得式（4.7）成立。

由假设（E）得：

$$\max_{1\leqslant j\leqslant p}\sqrt{\frac{1}{n}\sum_{i=1}^{n}x_{ij}^2\nu_i^2} \leqslant O_p(1)。$$

因此，我们得引理 4.6.2。

证明定理 4.3.1：Belloni 等（2014）中定理 1 给出了外生处理效应双选估计量渐近正态的证明过程。与 Belloni 等（2014）不同之处在于：本章中，处理效应变量是二元内生变量，由 Kwon 和 Kim（2012）中 SCAD 的变量选择一致性和系数估计量收敛速率的结论，我们给出了二元内生处理效应变量最优工具变量估计量的收敛速率，然后借鉴 Belloni 等（2014）的思路给出了 DS-LIVE 估计量的大样本性质证明过程。

$$\hat{\alpha}=(\hat{D}'M_{\hat{I}}D)^{-1}\hat{D}'M_{\hat{I}}Y$$

$$=(\hat{D}'M_{\hat{I}}D)^{-1}\hat{D}'M_{\hat{I}}(D\alpha_0+X\beta_0+\varepsilon)$$

$$=\alpha_0+(\hat{D}'M_{\hat{I}}D)^{-1}\hat{D}'M_{\hat{I}}(X\beta_0+\varepsilon)$$

整理得到：

$$\sqrt{n}(\hat{\alpha}-\alpha_0)=\left(\frac{\hat{D}'M_{\hat{I}}D}{n}\right)^{-1}\frac{\hat{D}'M_{\hat{I}}(X\beta_0+\varepsilon)}{\sqrt{n}}$$

$$=I_1^{-1}\cdot I_2 \tag{4.8}$$

下面我们处理 I_1 项，

$$I_1=\frac{\hat{D}'M_{\hat{I}}D}{n}=\frac{(\hat{D}-D^*+D^*)'M_{\hat{I}}D}{n}=\frac{(\hat{D}-D^*)'M_{\hat{I}}(D^*+\nu)}{n}+\frac{D^{*\prime}M_{\hat{I}}(D^*+\nu)}{n}$$

$$=\frac{D^{*\prime}M_ID^*}{n}+\frac{(\hat{D}-D^*)'M_{\hat{I}}D^*}{n}+\frac{(\hat{D}-D^*)'M_{\hat{I}}\nu}{n}+\frac{D^{*\prime}M_{\hat{I}}\nu}{n}+\frac{D^{*\prime}(M_{\hat{I}}-M_I)D^*}{n}$$

$$=\frac{D^{*\prime}M_ID^*}{n}+I_{11}+I_{12}+I_{13}+I_{14}$$

定义 $\varsigma=\hat{D}-D^*$，

$$I_{11}=\frac{(\hat{D}-D^*)'M_{\hat{I}}D^*}{n}=\frac{(\hat{D}-D^*)'D^*}{n}-\frac{\varsigma'P_{\hat{I}}D^*}{n}$$

$$=o_p(1)+O_p\left(\frac{s\phi_{\min}^{-1}(s)\sqrt{\log(s)}}{\sqrt{n}}\right)=o_p(1)$$

其中，$\frac{(\hat{D}-D^*)'D^*}{n}=o_p(1)$，由于 $\hat{D}_i$，$D_i^*\in[0,\ 1]$，所以等号成立。

$$\frac{\varsigma'P_{\hat{I}}D^*}{n}=\frac{\hat{\beta}'_{\varsigma}X'_{\hat{I}}D^*}{n}=\|\hat{\beta}_{\varsigma}\|_1\left\|\frac{X'_{\hat{I}}D^*}{n}\right\|_{\infty}\leqslant O_p\left(\frac{s\phi_{\min}^{-1}(s)\sqrt{\log(s)}}{\sqrt{n}}\right)$$

由假设（D）和下面式（4.9）可知最后一个不等号成立。

$$\|\hat{\beta}_{\varsigma}\|_1=\left|\left(\frac{X'_{\hat{I}}X_{\hat{I}}}{n}\right)^{-1}\frac{X'_{\hat{I}}\varsigma}{n}\right|_1\leqslant\frac{1}{\sqrt{n}}\phi_{\min}^{-1}(\hat{s})\hat{s}\left|\frac{X'_{\hat{I}}\varsigma}{\sqrt{n}}\right|_{\infty}=O_p\left(\frac{s\phi_{\min}^{-1}(s)\sqrt{\log(s)}}{\sqrt{n}}\right) \tag{4.9}$$

由稀疏特征值假设（A）得第一个不等号成立，由引理 4.6.2 得最后一个等号成立。

下面我们处理 I_{12} 项，

$$I_{12}=\frac{(\hat{D}-D^*)'M_{\hat{I}}\nu}{n}$$

$$=\frac{(\hat{D}-D^*)'\nu}{n}-\frac{\varsigma'P_{\hat{I}}\nu}{n}$$

$$\leqslant\sqrt{\frac{\sum_{i=1}^{n}(\hat{D}_i^*-D_i^*)^2}{n}}\sqrt{\frac{\sum_{i=1}^{n}\nu_i^2}{n}}-\frac{\hat{\beta}'_{\varsigma}X'_{\hat{I}}\nu}{n}$$

$$\leqslant\sqrt{\frac{\sum_{i=1}^{n}(\hat{D}_i^*-D_i^*)^2}{n}}\sqrt{\frac{\sum_{i=1}^{n}\nu_i^2}{n}}-\frac{1}{\sqrt{n}}\|\hat{\beta}_{\varsigma}\|_1\left\|\frac{X'_{\hat{I}}\nu}{\sqrt{n}}\right\|_\infty$$

$$=o_p(1)\sqrt{E(\nu_i^2)}-\frac{1}{\sqrt{n}}O_p\left(\frac{s\phi_{\min}^{-1}(s)\sqrt{\log(s)}}{\sqrt{n}}\right)O_p(\sqrt{\log(\hat{s})})$$

$$=o_p(1)$$

其中，由柯西施瓦兹不等式得第一个不等号成立，由 $\hat{D}_i^*$，$D_i^*\in[0,1]$、弱大数定理、引理 4.6.2 和式（4.9）得第三个等号成立。

$$I_{13}=\frac{D^{*\prime}M_{\hat{I}}\nu}{n}=\frac{D^{*\prime}\nu}{n}-\frac{D^{*\prime}X_{\hat{I}}(X'_{\hat{I}}X_{\hat{I}}/n)^{-1}X'_{\hat{I}}\nu}{n^2}$$

$$\leqslant\frac{1}{\sqrt{n}}\phi_{\min}^{-1}(\hat{s})\left|\frac{D^{*\prime}X_{\hat{I}}}{n}\right|_1\left|\frac{X'_{\hat{I}}\nu}{\sqrt{n}}\right|_\infty+o_p(1)$$

$$\leqslant\frac{1}{\sqrt{n}}\phi_{\min}^{-1}(\hat{s})\hat{s}\left|\frac{D^{*\prime}X_{\hat{I}}}{n}\right|_\infty\left|\frac{X'_{\hat{I}}\nu}{\sqrt{n}}\right|_\infty+o_p(1)$$

$$=O_p\left(\frac{\phi_{\min}^{-1}(\hat{s})\hat{s}\sqrt{\log(\hat{s})}}{\sqrt{n}}\right)=o_p(1)$$

为了处理 I_{14} 项，我们假设 $\|M_{\hat{I}}-M_I\|_\infty$ 总是存在的。$M_{\hat{I}}-M_I$ 的最大值在

它的第$(k,1)$个元素处取到，标记为m_Δ。由$M_{\hat{I}}-M_I=P_I-P_{\hat{I}}$，我们有$m_\Delta=\sum_{j\in I}\sum_{i\in I}x_{ki}A_{ij}x_{lj}-\sum_{j\in\hat{I}}\sum_{i\in\hat{I}}x_{ki}\widetilde{A}_{ij}x_{lj}$，其中$A=(X'_IX_I)^{-1}$和$\widetilde{A}=(X'_{\hat{I}}X_{\hat{I}})^{-1}$。对于任何$\delta>0$，我们有：

$$\begin{aligned}P(|m_\Delta|>\delta)&=P\left(|\sum_{j\in I}\sum_{i\in I}x_{ki}A_{ij}x_{lj}-\sum_{j\in\hat{I}}\sum_{i\in\hat{I}}x_{ki}\widetilde{A}_{ij}x_{lj}|>\delta\right)\\&\leqslant P\left(|\sum_{i,j\in I\cap\hat{I}}(x_{ki}A_{ij}x_{lj}-x_{ki}\widetilde{A}_{ij}x_{lj})|>\delta/3\right)+\\&\quad P\left(|\sum_{i,j\in I\cap\hat{I}^c}(x_{ki}A_{ij}x_{lj}-x_{ki}\widetilde{A}_{ij}x_{lj})|>\delta/3\right)+\\&\quad P\left(|\sum_{i,j\in I^c\cap\hat{I}}(x_{ki}A_{ij}x_{lj}-x_{ki}\widetilde{A}_{ij}x_{lj})|>\delta/3\right)\\&\to0\end{aligned}\tag{4.10}$$

其中，由于$A_{ij}=\widetilde{A}_{ij}$，$i,j\in I\cap\hat{I}$，第一项依概率0发生。由于变量选择一致性即$p(\hat{I}=I)\to1$，后两项趋近0。因此，$m_\Delta=o_p(1)$。由假设（D），我们得：

$$I_{14}=\frac{D^{*\prime}(M_{\hat{I}}-M_I)D^*}{n}\leqslant\frac{D^{*\prime}D^*}{n}o_p(1)=o_p(1)$$

因此，我们得：

$$I_1=\frac{D^{*\prime}M_ID^*}{n}+o_p(1)$$

下面我们处理I_2项，

$$I_2=\frac{\hat{D}'M_{\hat{I}}(X\beta_0+\varepsilon)}{\sqrt{n}}=\frac{(\hat{D}-D^*+D^*)'M_{\hat{I}}(X\beta_0+\varepsilon)}{\sqrt{n}}$$

$$=\frac{D^{*\prime}M_I\varepsilon}{\sqrt{n}}+\frac{(\hat{D}-D^*)'M_{\hat{I}}X\beta_0}{\sqrt{n}}+\frac{(\hat{D}-D^*)'M_{\hat{I}}\varepsilon}{\sqrt{n}}+\frac{D^{*\prime}M_{\hat{I}}X\beta_0}{\sqrt{n}}+\frac{D^{*\prime}(M_{\hat{I}}-M_I)\varepsilon}{\sqrt{n}}$$

$$=\frac{D^{*\prime}M_I\varepsilon}{\sqrt{n}}+I_{21}+I_{22}+I_{23}+I_{24}$$

接下来，

$$\| M_{\hat{I}} D^* \| = \| D^* - P_{\hat{I}} D^* \| = O_p(1)$$

由于 $D^* \in [0,\ 1]$，所以我们仅关注：

$$\begin{aligned} \| P_{\hat{I}} D^* \| &= \| X_{\hat{I}} (X'_{\hat{I}} X_{\hat{I}})^{-1} X'_{\hat{I}} D^* \| \\ &\leqslant \| X_{\hat{I}} (X'_{\hat{I}} X_{\hat{I}}/n)^{-1} X'_{\hat{I}} X_{\hat{I}}/n (X'_{\hat{I}} X_{\hat{I}}/n)^{-1} X'_{\hat{I}}/n \| \cdot \| D^* \| \\ &\leqslant C\phi_{\min}^{-2}(\hat{s}) \| D^* \| \\ &= O_p(1) \end{aligned}$$

其中，由柯西施瓦兹不等式得第一个不等号成立，由稀疏特征值假设（A）得第二个不等号成立。

对于一向量 $z \in R^n$，我们定义 $\hat{\beta}_z(A) := \arg\min_{\beta \in R^p} \| z - X\beta \|^2$，$\beta_j = 0$，$\forall j \notin A$。

$$\begin{aligned} & \| M_{\hat{I}} X\beta_0 / \sqrt{n} \| - \| M_{\hat{I}} \alpha_0 D^* / \sqrt{n} \| \\ & \leqslant \| M_{\hat{I}} (\alpha_0 D^* + X\beta_0) / \sqrt{n} \| \\ & \leqslant \| M_{\hat{I}_1} (\alpha_0 D^* + X\beta_0) / \sqrt{n} \| \\ & \leqslant \| (\alpha_0 D^* + X\beta_0 - P_{\hat{I}_1} (\alpha_0 D^* + X\beta_0)) / \sqrt{n} \| \\ & \leqslant \| (X\beta_Y(\hat{I}_1) - \alpha_0 D^* - X\beta_0) / \sqrt{n} \| \\ & = O_p\left(\sqrt{\frac{s\log(p \vee n)}{n}}\right) \end{aligned}$$

其中，由 Post-Lasso 估计量性质（Belloni 和 Chernozhukov，2013）得最后一个等号成立。这意味着：

$$\| M_{\hat{I}} X\beta_0 / \sqrt{n} \| = O_p\left(\sqrt{\frac{s\log(p \vee n)}{n}}\right) \tag{4.11}$$

$$\begin{aligned} I_{21} &= \frac{(\hat{D} - D^*)' M_{\hat{I}} X\beta_0}{\sqrt{n}} \\ &\leqslant \| \hat{D} - D^* \| \cdot \left| \frac{M_{\hat{I}} X\beta_0}{\sqrt{n}} \right| \end{aligned}$$

$$\leqslant O_p(1)O_p\left(\sqrt{\frac{s\log(p\vee n)}{n}}\right)=o_p(1)$$

其中，由柯西施瓦兹不等式得第一个不等号成立，由 $\hat{D}_i$，$D_i^* \in[0,1]$和式(4.11)得第二个不等号成立。

$$I_{22}=\frac{(\hat{D}-D^*)'M_{\hat{I}}\varepsilon}{\sqrt{n}}=\frac{(\hat{D}-D^*)'\varepsilon}{\sqrt{n}}-\frac{\varsigma' P_{\hat{I}}\varepsilon}{\sqrt{n}}$$

$$\leqslant o_p(1)-\frac{\hat{\beta}'_{\varsigma}X'_{\hat{I}}\varepsilon}{\sqrt{n}}$$

$$\leqslant o_p(1)-\|\hat{\beta}_{\xi}\|_1\left|\frac{X'_{\hat{I}}\varepsilon}{\sqrt{n}}\right|_{\infty}$$

$$\leqslant o_p(1)+O_p\left(\frac{s\phi_{\min}^{-1}(s)\sqrt{\log(s)}}{\sqrt{n}}\right)O_p(\sqrt{\log(\hat{s})})$$

$$=o_p(1)$$

其中，由柯西施瓦兹不等式得第一个不等号成立，由式（4.9）和引理 4.6.2 得最后一个不等号成立。

$$\hat{D}_i^*-D_i^*=\frac{\exp(\hat{\gamma}'_n\tilde{Z}_i+\hat{\omega}'_nX_i)}{1+\exp(\hat{\gamma}'_n\tilde{Z}_i+\hat{\omega}'_nX_i)}-\frac{\exp(\gamma'_n\tilde{Z}_i+\omega'_nX_i)}{1+\exp(\gamma'_n\tilde{Z}_i+\omega'_nX_i)}$$

$$=\frac{\exp(\tilde{\gamma}'_n\tilde{Z}_i+\tilde{\omega}'_nX_i)}{[1+\exp(\tilde{\gamma}'_n\tilde{Z}_i+\tilde{\omega}'_nX_i)]^2}[(\tilde{Z}'_i,X'_i)_{\hat{I}_2}(\hat{\gamma}'_n,\hat{\omega}'_n)'-(\tilde{Z}'_i,X'_i)_{I_2}(\gamma'_n,\omega'_n)']$$

其中，由中值定理得第二个等号，$\tilde{\gamma}'_n\tilde{Z}_i+\tilde{\omega}'_nX_i=t(\hat{\gamma}'_n\tilde{Z}_i+\hat{\omega}'_nX_i)+(1-t)(\gamma'_n\tilde{Z}_i+\omega'_nX_i)$，$0\leqslant t\leqslant 1$。

$$P\left(\frac{(\hat{D}-D^*)'\varepsilon}{\sqrt{n}}>\delta\right)\leqslant P\left(\frac{[(\tilde{Z},X)_{\hat{I}_2}(\hat{\gamma}'_n,\hat{\omega}'_n)'-(\tilde{Z},X)_{I_2}(\gamma'_n,\omega'_n)']'\varepsilon}{\sqrt{n}}>\delta\right)$$

$$\leqslant P\left(\frac{[(\tilde{Z},X)_{\hat{I}_2\cap I_2}((\hat{\gamma}'_n,\hat{\omega}'_n)'-(\gamma'_n,\omega'_n)')]'\varepsilon}{\sqrt{n}}>\frac{\delta}{3}\right)+$$

$$P\left(\frac{[(\widetilde{Z},\ X)_{\hat{I}_2\cap I_2^c}(\hat{\gamma}'_n,\ \hat{\omega}'_n)']'\varepsilon}{\sqrt{n}}>\frac{\delta}{3}\right)+$$

$$P\left(\frac{[(\widetilde{Z},\ X)_{\hat{I}_2^c\cap I_2}(\gamma'_n,\ \omega'_n)']'\varepsilon}{\sqrt{n}}>\frac{\delta}{3}\right)$$

$$=P\left(\frac{((\hat{\gamma}'_n,\ \hat{\omega}'_n)'-(\gamma'_n,\ \omega'_n)')'(\widetilde{Z},\ X)'_{\hat{I}_2\cap I_2}\varepsilon}{\sqrt{n}}>\frac{\delta}{3}\right)+$$

$$P\left(\frac{(\hat{\gamma}'_n,\ \hat{\omega}'_n)(\widetilde{Z},\ X)'_{\hat{I}_2\cap I_2^c}\varepsilon}{\sqrt{n}}>\frac{\delta}{3}\right)+$$

$$P\left(\frac{(\gamma'_n,\ \omega'_n)(\widetilde{Z},\ X)'_{\hat{I}_2^c\cap I_2}\varepsilon}{\sqrt{n}}>\frac{\delta}{3}\right)$$

$$=o_p(1)$$

其中，由下式得第一项→0，由 Kwon 和 Kim（2012）中定理 2 关于 SCAD 的变量选择一致性得第二项和第三项→0。

$$\frac{[(\hat{\gamma}'_n,\hat{\omega}'_n)'-(\gamma'_n,\ \omega'_n)']'(\widetilde{Z},\ X)'_{\hat{I}_2\cap I_2}\varepsilon}{\sqrt{n}}$$

$$\leqslant\|(\hat{\gamma}'_n,\ \hat{\omega}'_n)'-(\gamma'_n,\ \omega'_n)'\|_1\cdot\left|\frac{(\widetilde{Z},\ X)'_{\hat{I}_2\cap I_2}\varepsilon}{\sqrt{n}}\right|_\infty$$

$$\leqslant k_n O_p\left(\sqrt{\frac{k_n}{n}}\right)\sqrt{\log(\hat{k}_n)}$$

由 Kwon 和 Kim（2012）$\|(\hat{\gamma}'_n,\ \hat{\omega}'_n)-(\gamma'_n,\ \omega'_n)\|=O_p\left(\sqrt{\frac{k_n}{n}}\right)$ 和引理 4.6.2 得最后一个不等号成立。接下来，

$$I_{23}=\frac{D^{*\prime}M_{\hat{I}}X\beta_0}{\sqrt{n}}\leqslant\|D^*\|\cdot\left|\frac{M_{\hat{I}}X\beta_0}{\sqrt{n}}\right|\leqslant O_p\left(\sqrt{\frac{s\log(p\vee n)}{n}}\right)=o_p(1)$$

其中，由 $D_i^*\in[0,\ 1]$ 和式（4.11）得最后一个不等号成立。

$$I_{24}=\frac{D^{*\prime}(M_{\hat{I}}-M_I)\varepsilon}{\sqrt{n}}\leqslant\frac{D^{*\prime}\varepsilon}{\sqrt{n}}o_p(1)=o_p(1)$$

其中，由式（4.10）得第一个不等号成立，由弱大数定理得最后一个等号成立。因此，我们得：

$$I_2=\frac{D^{*\prime}M_I\varepsilon}{\sqrt{n}}+o_p(1)$$

$$\sqrt{n}(\hat{\alpha}-\alpha_0)=\left(\frac{D^{*\prime}M_ID^*}{n}+o_p(1)\right)^{-1}\left(\frac{D^{*\prime}M_I\varepsilon}{\sqrt{n}}+o_p(1)\right)$$

由弱大数定理得 $n^{-1}D^{*\prime}M_ID^*=E(n^{-1}D^{*\prime}M_ID^*)+o_p(1)$，$\sum_{i=1}^{n}d_i^*M_{I(i,j)}\varepsilon_j$ 是独立同分布的均值为 0，方差为 $\sigma^2=E(n^{-1}D^{*\prime}M_I\varepsilon\varepsilon' M_ID^*)$，由中心极限定理和 Slutsky 定理得：

$\sigma_n^{-1}\sqrt{n}(\hat{\alpha}-\alpha_0)\rightarrow N(0,\ 1)$。

条件同方差时，我们有 $\sigma_n^2=(E(n^{-1}D^{*\prime}M_ID^*))^{-1}\sigma_\varepsilon^2$，$\mathrm{Var}(\varepsilon_i)=\sigma_\varepsilon^2$。

5　基于 Logistic 可加模型和双选的二元内生平均处理效应估计

5.1　研究目的

随着互联网应用的普及和数据收集技术的进步，大规模的观测数据集常被用来估计经济政策对目标变量的因果效应。文献通常假设给定充分多的控制变量，处理效应变量满足随机分配干预。然而，由于重要控制变量数据的缺失或样本选择，处理效应变量经常是内生的。工具变量法常被用来解决处理效应变量的内生性问题。例如，本书实证研究部分探讨身体健康状态对个人收入和字词测试得分的影响，由于个人身体健康状态与其收入之间存在互为因果关系，并且自评身体健康状态变量存在测量误差，因此身体健康状态哑变量是内生的。我们用从家到最近医疗点的距离、生活行为指标、生活环境指标等潜在工具变量解决身体健康状态变量的内生性问题。最优工具变量是给定有效工具变量时内生变量的条件期望，它可以使工具变量估计量的渐近方差最小

（Amemiya，1974）。在实际操作中，大量工具变量可被用来提高工具变量估计量的精确性，但是，弱工具变量的使用会使得工具变量估计量是有偏的。Kloek 和 Mennes（1960）提出用主成分分析法来降低工具变量的维度。Belloni 等（2012）提出在高维线性工具变量模型中用 Lasso 筛选得到的工具变量估计最优工具变量。Zhong 等（2021）提出用高维 Logistic 约简形模型估计二元内生处理效应变量的最优工具变量。然而，若 Logistic 可加工具变量约简形模型假设成立，则该研究提出的内生处理效应 LIVE 估计量渐近方差较大。Fan 和 Zhong（2018）提出用非参可加约简形模型估计内生变量的最优工具变量，并且用适应性组 Lasso 剔除弱工具变量。但是，Belloni 等（2012）与 Fan 和 Zhong（2018）提出的方法不能很好地反映二元内生处理效应变量最优工具变量的概率属性，所以这些方法得到的二元内生处理效应的工具变量估计量渐近方差较大。此时，如何从大量潜在工具变量中筛选出合适的工具变量，并且如何建立二元内生处理效应变量和工具变量之间的函数关系，以捕捉到工具变量的非线性作用，且用合适的工具变量约简形模型反映二元内生处理效应变量最优工具变量的概率属性还有待进一步研究。用工具变量法估计内生处理效应时，工具变量既需要满足独立性约束，即给定控制变量，工具变量与潜在结果独立；也需要满足排他性约束，即给定控制变量，工具变量不对被解释变量有直接影响（Abadie，2003；Frolich，2007；Chernozhukov 等，2015）。Frölich（2007）提出了存在控制变量时，用工具变量估计内生处理效应的非参方法。Chernozhukov 等（2015）指出，当控制变量和工具变量相关时，控制高维混淆变量以保证工具变量的有效性。但是，当工具变量存在非线性作用时，他们提出的方法失效。给定大量潜在控制变量，工具变量满足独立性约束和排他性约束，此时，如何筛选出合适的控制变量还需要进一步研究。在经济学实证研究中，没有一个明确的准则指导我们如何选择控制变量（Donohue Ⅲ 和 Levitt，2001）。实证经济学家根据经验从潜在控制变量中选择控制变量的方式往往会遗漏一些重要的控制变量。一种选择控制变量的方式是用变量选择方法从大量潜在控制变量如原始控制变量、这些变量的交互项和它们的函数形式转换等中筛选出有效的控制变量。在条件均值独立假设成立时，Belloni 等（2014）提出用双选方法筛选控制变量。若给定许多潜在控制变量，工具变量满足独立性和排他性约束，此时，我们用双选法从大量控制变量中筛选出合适的控制变量。首先，我们选择对被解释变量有解释力的控制变量。其次，选择对处理效应变量有解释力的控制变量。最后，通过被解释变量对二元内生处理效应变量的最优工具变量估计量和上述两个步骤筛选得到的控制变量并集作回归得到二元内生处理效应的双选加 Logistic 可加工具变量估计量（DS-LAIVE）。双选方法可以解决单选法不完美模型选择带来的遗漏变量偏误问题，从而使二元内生处理效应的 DS-LAIVE 估计量是相合的。

本书中，我们提出用 Logistic 可加约简形模型来估计二元内生处理效应变量的最优工具变量，并且给定大量潜在控制变量，工具变量满足独立性和排他性约束，我们用双选方法选择重要的控制变量，以保证工具变量估计量的相合性。由此我们提出了估计二元内生处理效应的双选加 Logistic 可加工具变量估计量。Logistic 可加约简形模型可以很好地刻画二元内生处理效应变量最优工具变量的概率属性，这可以使得 DS-LAIVE 估计量的渐近方差较小。理论上，我们证明了 DS-LAIVE 是 $\sqrt{n}$ 相合的和渐近正态的。当潜在工具变量维度大于样本量时，适应性 group Lasso 可以剔除弱工具变量以达到降低工具变量维度的目的。双选方法可以避免单选法不完美模型选择带来的遗漏变量偏误问题，以保证 DS-LAIVE 估计量的优良性质。蒙特卡洛模拟显示，相较于其他估计量，我们提出的估计量有更小的偏误和均方误差。我们用 DS-LAIVE 方法实证研究了身体健康状态对个人收入和字词测试得分的影响，得到了更有力的证据支持 DS-LAIVE 估计量的良好性质。

本书结构安排如下：第二部分描述了本书提出的二元内生处理效应估计方法和双选加 Logistic 可加工具变量估计量（DS-LAIVE）。第三部分展现了 DS-LAIVE 估计量的理论性质。第四部分用蒙特卡洛模拟展示了本书提出的估计量 DS-LAIVE 有限样本性质。第五部分用身体健康状态对个人收入的影响来例证我们的方法。所有证明都写在附录中。

5.2 方法

5.2.1 模型设定

我们考虑如下的结构模型：

$$y_i=\alpha_0 D_i+X'_i\beta_0+\varepsilon_i, \tag{5.1}$$

其中，y_i 是被解释变量，D_i 是内生处理效应变量，α_0 是 D_i 的真实系数，X_i 是 $p\times1$ 维的外生控制变量，β_0 是 X_i 的 $p\times1$ 维的真实系数，ε_i 是随机扰动项，$i=1, 2, \cdots, n$，n 是样本量。为了精确地估计 D_i 的系数，允许结构模型(5.1)包含尽可能多的控制变量，即允许 X_i 的维度 p 大于 n；为了使平均处理效应 α_0 的估计可行，我们假设控制变量 X_i 是稀疏的 $\|\beta_0\|_0\leqslant\omega$。不失一般性地，我们假设所有的控制变量 X_i 是外生的。X_i 的第一个元素是 1，相应的系数 β_{01} 是结构模型(5.1)的截距。我们模型的另一个特色为处理效应变量 D_i 是内生的，即 $E(\varepsilon_i \mid D_i)\neq0$。本书我们关注的内生处理效应变量是二元的，即当第 i 个体在处理组时，$D_i=1$；当第 i 个体在控制组时，$D_i=0$。模型（1）是含有低维控制变量的内生哑变量模型（Heckman，1978）向有高维控制变量情

形的拓展。若条件均值独立假设 $E(\varepsilon_i \mid D_i, X_i)=E(\varepsilon_i \mid X_i)$ 成立，则给定 X_i 时平均处理效应（ATE）为 $\alpha_0=E(y_i \mid D_i=1, X_i)-E(y_i \mid D_i=0, X_i)$。不同于 Abrevaya 等（2015），我们关注无混淆分配假设不成立并且控制变量为高维时平均处理效应的估计问题，并研究相应估计量的理论性质。

我们用工具变量方法和双选法来估计二元内生处理效应。我们表示 $q\times1$ 维的工具变量为 $Z_i=(z_{i1}, \cdots, z_{iq})'$。外生的 X_i 也是潜在的工具变量。有效工具变量应该满足三个条件：①给定控制变量 X_i，工具变量与潜在结果独立；②给定控制变量，工具变量对被解释变量没有直接影响（Abadie，2003；Frölich，2007）；③工具变量 Z_i、X_i 与内生变量 D_i 相关。我们想要得到的最优工具变量为 $E(D_i \mid Z_i, X_i)$，这个最优工具变量可以使工具变量估计量的渐近方差最小（Amemiya，1974）。我们想要估计二元内生处理效应，由此最优工具变量也可表述为 $E(D_i \mid Z_i, X_i)=P(D_i=1 \mid Z_i, X_i)$。传统的工具变量方法常常是在假设事件发生比的对数即 $\log[P(D_i=1 \mid Z_i, X_i)/(1-P(D_i=1 \mid Z_i, X_i))]$ 为工具变量 Z_i 和 X_i 的线性约简形模型后估计得到内生变量的最优工具变量估计量。若上述线性约简形模型假设不成立，则传统工具变量估计量的渐近方差较大（可见第4部分数值模拟结果）。这驱使我们用 Logistic 可加约简形模型来尽可能多地捕捉工具变量对二元内生处理效应变量的非线性影响。在实际操作中，为了提高工具变量估计量的精确性，许多潜在工具变量被用于估计最优工具变量。但是许多弱工具变量的使用会使得工具变量估计量存在偏误。特别是当工具变量的维度大于样本量时，通常的工具变量方法失效。为了处理这个问题，我们采用 Belloni 等（2012）的做法，我们假设工具变量是稀疏的，变量选择方法被用于剔除弱工具变量以提高工具变量估计量的准确性。

另外，给定大量潜在控制变量，工具变量满足独立性约束和排他性约束，此时，变量选择方法可被用来判断哪个控制变量应该出现在结构模型中。与 Lin 等（2015）提出的单选方法不同，我们提出用双选法来选择控制变量。双选法可以避免单选方法筛选控制变量时由于 Beta-min 条件不满足而造成的遗漏变量偏误问题。

5.2.2 双选加 Logistic 可加工具变量估计量（DS-LAIVE）

若事件发生比对数关于工具变量的线性约简形模型假设不成立，则我们应考虑更为一般的假设即事件发生比对数是大量潜在工具变量的非线性函数。本章中，我们考虑 Logistic 可加约简形模型来建立二元内生处理效应变量 D_i 和工具变量(X_i, Z_i)之间的函数关系，即：

$$\log\left[\frac{P(D_i=1 \mid X_i, Z_i)}{1-P(D_i=1 \mid X_i, Z_i)}\right]=\mu_0+\sum_{j=1}^{p} f_j(x_{ij})+\sum_{j=1}^{q} f_j(z_{ij}), \tag{5.2}$$

其中，μ_0 是常数项，$f_j(\cdot)$是第 j 个未知的单变量平滑函数。允许工具变量维度 $p+q$ 大于样本量 n。假设这些潜在工具变量只有一小部分是有效的。我们标记那些对 $E[D_i \mid X_i, Z_i]$有解释力的工具变量集为 A，即当 $j\in A$ 时，工具变量的一些取值使$f_j(\cdot)\neq 0$，但是，当 $j\notin A$ 时，对工具变量的任何取值，都有$f_j(\cdot)=0$。记 A 的势为 s_n。为了使模型能够被识别，我们假设所有的函数$f_j(\cdot)$都已经被中心化处理，即 $E[f_j(\cdot)]=0$，$1\leqslant j\leqslant p+q$。

为了估计式（5.2）中的非参成分，我们采用 Huang 等（2010）的做法把单变量平滑函数$f_j(\cdot)$用 B 样条基函数展开。S_n 是自由度为 $L\geqslant 1$ 的多项式样条空间，$\{\phi_k, k=1, \cdots, m_n\}$是标准化 B 样条基函数，其中 m_n 是多项式自由度和节点数的和。$\psi_k(z_{ij})=\phi_k(z_{ij})-1/n\sum_{i=1}^{n}\phi_k(z_{ij})$是工具 z_{ij} 的中心化 B 样条基函数。每个 $f_{nj}\in S_n$ 都可以表示为中心化 B 样条基函数的线性组合：

$$f_j(z_{ij})\approx f_{nj}(z_{ij})=\sum_{k=1}^{m_n}\gamma_{jk}\psi_k(z_{ij})$$

在合适的平滑条件下，通过选择合适的系数$\{\gamma_{j1}, \cdots, \gamma_{jm_n}\}$（Stone, 1985），我们可以用空间 S_n 中的 $f_{nj}(\cdot)$很好地逼近式(5.2)中的 $f_j(\cdot)$。

式（5.2）可以重新写为：

$$\mathrm{logit}(P(D_i=1\mid X_i,\ Z_i))\approx\mu+\sum_{j=1}^{p}\sum_{k=1}^{m_n}\gamma_{jk}\psi_k(x_{ij})+\sum_{j=1}^{q}\sum_{k=1}^{m_n}\gamma_{jk}\psi_k(z_{ij}),\tag{5.3}$$

我们提出的 DS-LAIVE 算法由下面三步组成：

第一步，由数据$(y_i,\ X_i)$，我们利用变量选择方法筛选出对 y_i 有解释力的重要控制变量。我们考虑下面带有 l_1 惩罚项的目标函数：

$$L_{n1}(y_i,\ X_i;\ \beta,\ \lambda_{n1})=\sum_{i=1}^{n}(y_i-X'_i\beta)^2+\lambda_{n1}\|\beta\|_1,\tag{5.4}$$

其中，λ_{n1} 是控制模型复杂度的调节参数。通过最小化式(5.4)中的目标函数 $L_{n1}(y_i,\ X_i;\ \beta,\ \lambda_{n1})$，我们得到惩罚估计量 $\hat{\beta}$：

$$\hat{\beta}=\arg\min_{\beta}L_{n1}(y_i,\ X_i;\ \beta,\ \lambda_{n1}),\tag{5.5}$$

我们标记由数据$(y_i,\ X_i)$筛选得到的控制变量指标集为 $\hat{I}_1=\{j:\ \hat{\beta}_j\neq0,\ j=1,\ \cdots,\ p\}$。

第二步，由数据$(D_i,\ X_i,\ Z_i)$，我们把非参可加约简形模型（5.2）B 样条展开后，用适应性 group Lasso 筛选得到重要的控制变量和工具变量，并且估计二元内生处理效应变量 D_i 的最优工具变量。在我们的算法中，这一步尤其重要。因为这一步可以得到第一步筛选中由于 Beta-min 条件不满足而遗漏的重要控制变量。因此，这一步可以有效规避第一步不完美模型选择带来的遗漏变量偏误问题。我们使用如下带适应性 group Lasso 惩罚项的目标函数（Wang 和 Tian，2017）：

$$L_{n2}(D_i,\ X_i,\ Z_i;\ \gamma,\ \lambda_{n2})=\sum_{i=1}^{n}[-D_iU'_i\gamma+\log(1+\exp(U'_i\gamma))]+\lambda_{n2}\sum_{j=1}^{p+q}\omega_j\|\gamma_j\|_2,\tag{5.6}$$

其中，$\gamma_j=(\gamma_{j1},\ \cdots,\ \gamma_{jm_n})'$为第 j 个工具变量的 $m_n\times1$ 维系数向量，$\gamma=(\mu,\ \gamma'_1,\ \cdots,\ \gamma'_{p+q})'$为工具变量$(X_i,\ Z_i)$对应的 $m_n(p+q)\times1$ 维系数向量，$U_{ij}=(\psi_1$

$(\cdot)$，…，$\psi_{m_n}(\cdot))'$和 $U_i=(1, U'_{i1}, \cdots, U'_{ip+q})'$。$\|\cdot\|_2$ 为向量的 2 范数，λ_{n2} 为控制系数估计惩罚度的调节参数。参数 ω_j 是第 j 组的权重。我们用 group Lasso 估计量来得到权重 ω_j，即

$$\omega_j=\begin{cases}\|\tilde{\gamma}_j\|_2^{-1}, & \text{若}\|\tilde{\gamma}_j\|_2>0\\ \infty, & \text{若}\|\tilde{\gamma}_j\|_2=0\end{cases},$$

其中，$\tilde{\gamma}=(\tilde{\mu}, \tilde{\gamma}_1, \cdots, \tilde{\gamma}_{p+q})$ 为最小化带组 Lasso 惩罚项的目标函数得到估计量，即

$$L_{n3}(D_i, X_i, Z_i; \gamma, \lambda_{n3})=\sum_{i=1}^{n}[-D_iU'_i\gamma+\log(1+\exp(U'_i\gamma))]+\lambda_{n3}\sum_{j=1}^{p+q}\|\gamma_j\|_2,$$

通过最小化目标函数（5.6），我们得到适应性 group Lasso 估计量为：

$$\hat{\gamma}=(\hat{\mu}, \hat{\gamma}'_1, \cdots, \hat{\gamma}'_{p+q})=\arg\min_{\gamma}L_{n2}(D_i, X_i, Z_i; \gamma, \lambda_{n2}), \tag{5.7}$$

标记由这一步筛选得到的控制变量指标集为 $\hat{I}_2=\{j: \|\hat{\gamma}_j\|_2\neq 0, j=1, \cdots, p\}$。式(5.2)中单变量平滑函数估计量为 $\hat{f}_{nj}(z_{ij})=\sum_{k=1}^{m_n}\hat{\gamma}_{jk}\psi_k(z_{ij})$。$D_i$ 的最优工具变量估计量为：

$$\hat{D}_i=\exp(U'_i\hat{\gamma})/[1+\exp(U'_i\hat{\gamma})], \tag{5.8}$$

我们标记 D_i 的最优工具变量为 $D_i^*=E(D_i\mid Z_i, X_i)$。

γ_0 为最小化下面目标函数的解：

$$\gamma_0=\arg\min_{\gamma}E[-D_iU'_i\gamma+\log(1+\exp(U'_i\gamma))], \tag{5.9}$$

第三步，由第二步估计得到的二元内生处理效应变量 D_i 的最优工具变量估计量 $\hat{D}_i$ 和上述两个步骤得到的控制变量并集，标记为 $\hat{I}=\hat{I}_1\cup\hat{I}_2$，我们定义二元内生处理效应 α_0 的双选加 Logistic 可加工具变量估计量（DS-LAIVE）为：

$$\hat{\alpha}=(\hat{D}'M_{\hat{I}}D)^{-1}\hat{D}'M_{\hat{I}}Y. \tag{5.10}$$

其中，$X=(X_1, \cdots, X_n)'X_{\hat{I}}=\{X_j, j\in\hat{I}\}$，$X_j$ 为 X 的第 j 列，$X_{\hat{I}}$ 对应的投影矩阵为 $P_{\hat{I}}=X_{\hat{I}}(X'_{\hat{I}}X_{\hat{I}})^{-1}X'_{\hat{I}}$，$M_{\hat{I}}=I-P_{\hat{I}}$，$I$ 为 $n\times n$ 的单位阵，$\hat{D}=(\hat{D}_1, \cdots, \hat{D}_n)'$，$Y=(y_1, \cdots, y_n)'$。

由于 DS-LAIVE 方法可以很好地捕捉到工具变量对二元内生处理效应变量 D_i 的非线性影响，同时双选方法能很好地处理不完美模型选择带来的遗漏变量偏误问题（Belloni 等，2014）。后文数值模拟研究显示，相较于 Belloni 等（2012）、Belloni 等（2014）提出的估计量，该估计量的表现更好。

我们通过最小化贝叶斯信息准则（BIC）（Schwartz，1978；Wang 等，2007）、适应于线性模型的拓展贝叶斯信息准则（EBIC）（Chen 和 Chen，2008）或适应于广义线性模型的拓展贝叶斯信息准则（EBIC）（Chen 和 Chen，2012）来选择调节参数 λ_n 和 m_n。BIC 和两类 EBIC 的数学表达式分别为：

$$BIC(\lambda_n)=\log(RSS_{\lambda_n})+\hat{p}\log(n)/n,$$

$$EBIC(\lambda_{n1})=\log(RSS_{\lambda_{n1}})+\hat{p}(\log(n)+\nu\log(\hat{p}))/n,$$

$$EBIC(\lambda_n, m_n)=-2\iota_n(\gamma)+(\hat{p}+\hat{q})m_n\log(n)+2(\hat{p}+\hat{q})m_n\phi\log(\hat{p}+\hat{q}).$$

其中，$RSS_{\lambda_{n1}}$ 为给定 λ_{n1} 时的残差平方和，$\hat{p}$ 为算法第一步的系数向量估计量 $\hat{\beta}$ 的非零成分个数，$0<\nu<1$ 为常数。$\iota_n(\gamma)$ 为给定数据 (D_i, X_i, Z_i)，$i=1, \cdots, n$ 时用 γ 的 group Lasso 估计量或者适应性 group Lasso 估计量计算模型（5.3）的极大似然。$\hat{p}+\hat{q}$ 为非零 $\hat{f}_{nj}$，$j=1, \cdots, p+q$ 的个数，$\phi>1-1/2\kappa$，$0<\kappa<1/3$。当事件发生比对数关于工具变量的线性约简形模型假设成立时，即所有单变量平滑函数是线性的，我们的方法 DS-LAIVE 自动选择 $m_n=1$。此时，我们提出的估计量 DS-LAIVE 和直接用 Logistic 模型估计最优工具变量而得到的二元内生处理效应估计量 DS-LIVE 的有限样本表现几乎一样。本书第 4 部分数值模拟结果证实了这一点。

我们总结本书提出的算法如下：

步骤 1：得到式（5.5）的 Lasso 估计量 $\hat{\beta}=\arg\min_{\beta}L_{n1}(y_i, X_i; \beta, \lambda_{n1})$，并由此得控制变量指标集 $\hat{I}_1$。

步骤 2：得到式（5.7）的适应性 group Lasso 估计量 $\hat{\gamma}=(\hat{\mu}, \hat{\gamma}'_1, \cdots, \hat{\gamma}'_{p+q})=\arg\min_{\gamma}L_{n2}(D_i, X_i, Z_i; \gamma, \lambda_{n2})$，并由此得二元内生处理效应变量 D_i 的最优工具变量估计量即式(5.8)中 $\hat{D}_i$ 和额外重要的控制变量指标集 $\hat{I}_2$。

步骤 3：基于上述两个步骤得到的控制变量指标集的并集 $\hat{I}=\hat{I}_1\cup\hat{I}_2$ 和二元内生处理效应变量 D_i 的最优工具变量估计量 $\hat{D}_i$，由式(5.10)得到二元内生处理效应 α_0 的双选加 Logistic 可加工具变量估计量（DS-LAIVE）$\hat{\alpha}$。

5.3 理论性质

这部分研究二元内生处理效应的双选加 Logistic 可加工具变量估计量（DS-LAIVE）的理论性质。标记 $U=(U_1, \cdots, U_n)'$，$U_i^{(1)}=(U'_{ij}, j\in A)'$，$U^{(1)}=(U_1^{(1)}, \cdots, U_n^{(1)})'$，$m_n\times s_n=k_0$，$m_n(p_n+q_n)=k_n$，$\tau_{\min}(A)$和$\tau_{\max}(A)$分别表示方阵 A 的最小和最大特征值，$\theta_1=\min_{j\in A}\|\gamma_{0j}\|$。

假设（A）：$\mathcal{F}$是满足下面条件的函数f的集合，f的r阶导数$f^{(r)}$存在，满足 Lipschitz 条件，$\mathcal{F}=\{f(\cdot): |f^{(r)}(t_1)-f^{(r)}(t_2)|\leqslant C|t_1-t_2|^{\alpha}\}$，$t_1, t_2\in[a, b]$，$C>0$。

假设（B）：$E[f_j(z_j)]=0$ 和 $f_j\in\mathcal{F}$，$j=1, \cdots, q$。

假设（C）：工具变量 Z 的密度函数是连续的；存在常数 B_1 和 B_2，z_j 的密度函数 g_j 满足在［a，b］上 $0<B_1\leqslant g_j(z)\leqslant B_2<\infty$，其中 $1\leqslant j\leqslant p+q$。

假设（D）：定义半定矩阵 M 的最小和最大 m 稀疏特征值为 $\phi_{\min}(m)$

$[M]=\min_{1\leq\|\delta\|_0\leq m}\dfrac{\delta' M\delta}{\|\delta\|^2}$和 $\phi_{\max}(m)[M]=\max_{1\leq\|\delta\|_0\leq m}\dfrac{\delta' M\delta}{\|\delta\|^2}$。存在一个序列 $a_n\to\infty$，使得依概率 1 最小和最大 $a_n s$ 稀疏特征值不等于 0，即以不小于 $1-\Delta_n$ 的概率，下面的式子成立：$k'\leq\phi_{\min}(a_n s)[E_n(X_iX'_i)]\leq\phi_{\max}(a_n s)[E_n(X_iX'_i)]\leq k''$，其中 $E_n(X_iX'_i)=\sum_{i=1}^{n}X_iX'_i/n$ 且 $0<k'<k''<\infty$ 是常数，Δ_n 是很小的正数。

假设（E）：$E(\upsilon_i^2)<\infty$，$E(\varepsilon_i^2)<\infty$，其中 i=1，…，n。

假设（F）：$E(d_i^{*2})<\infty$，$\max_{1\leq j\leq\omega}\left|\dfrac{1}{n}\sum_{i=1}^{n}x_{ij}d_i^*\right|<\infty$。

假设（G）：$\dfrac{\log(p)}{n^{1/3}}\to 0$，$\max_{1\leq j\leq p}\sqrt{\dfrac{1}{n}\sum_{i=1}^{n}x_{ij}^2\upsilon_i^2}\leq O_p(1)$，$\min_{1\leq j\leq p}\dfrac{E^{1/2}(x_{ij}^2\upsilon_i^2)}{E^{1/3}(x_{ij}^3\upsilon_i^3)}>c$。

假设（A）~假设（C）是非参可加模型的常见假设（Huang 等，2010；Fan 等，2011）。Lipschitz 条件（A）使得函数足够平滑。假设（B）保证 f_j 的识别。假设（D）是稀疏特征值假设（Belloni 等，2014）。假设（E）使得误差项 υ_i 和 ε_i 的 2 阶距存在。假设（F）是一些重要项的距条件的假定。假设（G）是 X_i 维度的阶和一些重要项的距条件的设定，使引理 5.7.1 结论成立的条件得以满足。

引理 5.3.1：如果假设（A）~假设（C）和在附录部分的假设（A1）~假设（H1）成立，则

$$\|\hat{\gamma}-\gamma_0\|_2=O_p(\sqrt{s_n/n}), \tag{5.11}$$

$$\|\hat{D}-D^*\|_2=O_p(\sqrt{s_n/n})。 \tag{5.12}$$

式（5.7）中适应性 group Lasso 估计量 $\hat{\gamma}$ 的收敛速率由 Wang 等（2017）中定理 2.4 得到。引理 5.3.1 也给出了二元内生处理效应变量最优工具变量估计量的收敛速率。

定理 5.3.1 如果假设（A）~假设（G）成立，则二元内生处理效应 α_0 的 DS-LAIVE 估计量是$\sqrt{n}$相合的和渐近正态的：

$$\sigma_n^{-1}\sqrt{n}(\hat{\alpha}-\alpha_0)\xrightarrow{d}N(0,\ 1)。\tag{5.13}$$

其中，下面两种情形时渐近方差 σ_n^2 分别为：

（1）若结构模型的误差项是条件异方差，$\sigma_n^2=\left(E\left(\frac{D^{*\prime}M_I D^{*}}{n}\right)\right)^{-1}E\left(\frac{D^{*\prime}M_I\varepsilon\varepsilon' M_I D^{*}}{n}\right)\left(E\left(\frac{D^{*\prime}M_I D^{*}}{n}\right)\right)^{-1}$。

（2）若结构模型中的误差项是条件同方差，即 $E(\varepsilon_i^2\mid X_i,\ Z_i)=\sigma_\varepsilon^2$，其中 $1\leqslant i\leqslant n$，则 $\sigma_n^2=\left(E\left(\frac{D^{*\prime}M_I D^{*}}{n}\right)\right)^{-1}\sigma_\varepsilon^2$，$\mathrm{Var}(\varepsilon_i\mid Z_i,\ X_i)=\sigma_\varepsilon^2$。

定理 5.3.1 说明我们提出的二元内生处理效应的双选加 Logistic 可加工具变量估计量（DS-LAIVE）是$\sqrt{n}$相合的和渐近正态的。当结构模型随机扰动项是条件同方差时，$E(\varepsilon_i^2\mid X_i,\ Z_i)=\sigma_\varepsilon^2$ 是一个常数，统计推断时渐近方差估计量为 $\hat{\sigma}_n^2=(\hat{D}'M_{\hat{I}}\hat{D}/n)^{-1}(Y-D\hat{\alpha}-X_{\hat{I}}\hat{\beta})'(Y-D\hat{\alpha}-X_{\hat{I}}\hat{\beta})/n$，$\hat{\beta}$ 为 β_0 的工具变量估计量。当结构模型随机扰动项为条件异方差时，渐近方差 σ_n^2 的估计量为 $\hat{\sigma}_n^2=(\hat{D}'M_{\hat{I}}\hat{D}/n)^{-1}\hat{D}'M_{\hat{I}}(Y-D\hat{\alpha}-X_{\hat{I}}\hat{\beta})(Y-D\hat{\alpha}-X_{\hat{I}}\hat{\beta})'M_{\hat{I}}\hat{D}/n(\hat{D}'M_{\hat{I}}\hat{D}/n)^{-1}$。

5.4 数值模拟

在这部分，我们用蒙特卡洛模拟来评估我们提出的二元内生处理效应的双选加 Logistic 可加工具变量估计量的有限样本表现。我们考虑如下含有二元内生处理效应变量的结构模型：

$y_i=\alpha_0 D_i+X'_i\beta_0+\varepsilon_i$,

其中，y_i 是被解释变量，D_i 是二元内生处理效应变量，$i=1, 2, \cdots, n$，真实的平均处理效应 $\alpha_0=0.75$，X_i 是 $p\times 1$ 维的控制变量，控制变量 X_i 对应的真实系数向量 $\beta_0=(3, 0.15, 0.18, 1.5, 2, 0, \cdots, 0)$。基于下面两个约简形模型所对应的概率用伯努利分布产生二元内生处理效应变量。

模型 1：

$\text{logit}(P(D_i=1 \mid X_i, Z_i))=2.5x_{i2}+2.5x_{i3}+5z_{i1}+v_i$,

模型 2：

$\text{logit}(P(D_i=1 \mid X_i, Z_i))=2.5x_{i2}+1.5x_{i2}^2+2.5x_{i3}+5\sin(\pi z_{i1})+v_i$,

从一个多元正态分布 $N(0, \sum_X)$，$\sum_X=(\rho_{mn})_{p\times p}$，$\rho_{mn}=0.5^{|m-n|}$ 产生控制变量 X_i，$m, n=1, 2, \cdots, p$，$p=200$；从另一个多元正态分布 $N(0, \sum_Z)$ 产生 Z_i，$\sum_Z=(\rho_{mn})_{q\times q}$，$\rho_{mn}=0.5^{|m-n|}$，$m, n=1, 2, \cdots, q$，$q=20$。从一个二元正态分布产生结构模型和约简形模型的随机扰动项，相应的均值向量为 0，方差协方差矩阵为 $\sum_{\varepsilon, v}$，$\sum_{\varepsilon, v}=\begin{pmatrix} 1 & 0.9 \\ 0.9 & 1 \end{pmatrix}$，这意味着 D_i 是内生的。样本量为 $n=100, 300$。

为了评估各种二元处理效应估计量的有限样本表现，我们模拟每种方法 R=1000 次，计算了估计量偏误的平均值（表示为“偏误”）为 $R^{-1}\sum_{r=1}^{R}(\hat{\alpha}_r-\alpha_0)$，并且计算了均方误差（表示为“均方误”）为 $R^{-1}\sum_{r=1}^{R}(\hat{\alpha}_r-\alpha_0)^2$，$\hat{\alpha}_r$ 为 α_0 的第 r 次估计量。

所有的模拟用 R 软件来完成。我们用 R 包 splines 里的 bs（z, degree, knots）来得到每一个工具变量的 B 样条展开。我们让自由度从 1 依次增加到

7，并且选择节点 knots = NULL 或者为每一个工具变量的 25%、50% 和 75% 分位数。我们通过最小化 BIC 或 EBIC 信息准则来选择有或者没有节点时最优的自由度。我们用 R 包 grpreg（Breheny，2014）里的函数 grpreg（z，x，group，penalty = "grLasso"）来估计 Logistic 可加约简形模型，用 glmnet 包里的 glmnet 函数筛选控制变量。

第一种模拟情形，为了检验 Logistic 可加约简形模型估计二元内生处理效应变量最优工具变量的效果和双选法在筛选重要控制变量和消除遗漏变量偏误方面的作用，我们首先假设 x_2、x_3、z_1 为三个已知的并且有效的工具变量。我们估计得到了二元内生处理效应 α_0 的七个估计量：普通最小二乘估计量（标记为"OLS"）、两阶段最小二乘估计量（标记为"2SLS"）、非参可加工具变量估计量（标记为"NAIVE"）、Logistic 工具变量估计量（标记为"LIVE"）、双选加 Logistic 工具变量估计量（标记为"DS-LIVE"）、Logistic 可加工具变量估计量（标记为"LAIVE"）和我们提出的 DS-LAIVE。表 5.1 给出了七个估计量偏误的平均值和均方误差。图 5.1 和图 5.3 展示了七个估计量的箱线图。从表 5.1 我们可以看出，由于普通最小二乘法没有能够解决二元处理效应变量的内生性问题，所以 OLS 估计量的偏误和均方误差较大。无论在约简形模型 1 还是在模型 2 中，两阶段最小二乘法能够解决 D_i 的内生性问题，导致 2SLS 估计量的偏误较小，但是由于其对 D_i 最优工具变量的预测值常常大于 1 或者小于 0，并且没有考虑工具变量对 D_i 的非线性作用，使得其均方误差最大。在模型 1 和模型 2 中，由于单选方法会遗漏重要控制变量，使得 NAIVE 的偏误和均方误较大。单选方法遗漏的重要控制变量和算法第二步用到的工具变量 x_2、x_3、z_1 相关，x_2、x_3、z_1 不再是有效的工具变量，因此 LIVE 和 LAIVE 的偏误较大。在线性约简形模型（模型 1）中，DS-LIVE 的偏误和均方误表现达到了最优水平；而在模型 2 中，由于 DS-LIVE 忽略了工具变量对 D_i 的非线性作用，使得其偏误和均方误较大。无论在线性约简形模型 1 还是模型

2 中，DS-LAIVE 的表现都达到了最优水平。需要指出的是，在模型 1 中，DS-LAIVE 选择自由度为 1 并且没有节点，因此 DS-LAIVE 和 DS-LIVE 估计量的表现几乎一样。

表 5.1 模拟情形 1 中由 1000 次模拟算得二元内生处理效应（$\alpha_0=0.75$）的普通最小二乘估计量和各种工具变量估计量的偏误均值和均方误

n	方法	模型 1		模型 2	
		偏误	均方误	偏误	均方误
n=100	OLS	0. 1021	0. 0225	0. 1055	0. 0217
	2SLS	-0. 0368	0. 0656	0. 0246	0. 0764
	LIVE	0. 0363	0. 0169	0. 1142	0. 0378
	DS-LIVE	-0. 0108	0. 0153	0. 1065	0. 0369
	NAIVE	-0. 0310	0. 0178	0. 0393	0. 0159
	LAIVE	0. 0297	0. 0152	0. 0242	0. 0152
	DS-LAIVE	-0. 0109	0. 0149	-0. 0123	0. 0132
n=300	OLS	0. 1103	0. 0200	0. 1075	0. 0182
	2SLS	-0. 0338	0. 0426	0. 0269	0. 0425
	LIVE	0. 0394	0. 0125	0. 1130	0. 0288
	DS-LIVE	-0. 0074	0. 0101	0. 1107	0. 0292
	NAIVE	-0. 0320	0. 0120	-0. 0240	0. 0118
	LAIVE	0. 0265	0. 0090	0. 0192	0. 0095
	DS-LAIVE	-0. 0071	0. 0089	-0. 0016	0. 0090

第二种模拟情形，我们假设存在大量工具变量和控制变量，不知道哪一个是有效的控制变量，也不知道哪一个是有效的工具变量，然后用 DS-LAIVE 和其他估计量估计 α_0。我们得到真实二元内生处理效应 α_0 的七个估计量为：普通最小二乘估计量（标记为“OLS”）、基于用 Lasso 选择的工具变量进而得到的两阶段最小二乘估计量（标记为“2SLS-L”）、非参可加工具变量估计量（标记为“NAIVE”）、Logistic 工具变量估计量（标记为“LIVE”）、双选加 Logistic 工具变量估计量（标记为“DS-LIVE”）、Logistic 可加工具变量估计

量（标记为“LAIVE”）和我们提出的 DS-LAIVE。模拟结果展示在表 5.2 和图 5.2、图 5.3、图 5.4 中。模型 1 和模型 2 中，OLS 的偏误和均方误较大；而

表 5.2　模拟情形 2 中由 1000 次模拟算得二元内生处理效应（$\alpha_0=0.75$）的普通最小二乘估计量和各种工具变量估计量的偏误均值和均方误

n	方法	模型 1		模型 2	
		偏误	均方误	偏误	均方误
n = 100	OLS	0.1221	0.0262	0.1224	0.0248
	2SLS-L	-0.0421	0.0712	0.0340	0.0538
	LIVE	0.0311	0.0161	0.1217	0.0388
	DS-LIVE	0.0053	0.0148	0.1000	0.0363
	NAIVE	0.0393	0.0159	0.0403	0.0140
	LAIVE	0.0335	0.0139	0.0217	0.0139
	DS-LAIVE	0.0053	0.0127	0.0068	0.0139
n = 300	OLS	0.1213	0.0225	0.1231	0.0225
	2SLS-L	-0.0247	0.0420	-0.0224	0.0387
	LIVE	0.0249	0.0107	0.1180	0.0296
	DS-LIVE	0.0050	0.0103	0.1034	0.0270
	NAIVE	0.0260	0.0111	0.0346	0.0102
	LAIVE	0.0252	0.0101	0.0238	0.0118
	DS-LAIVE	0.0049	0.0095	-0.0036	0.0099

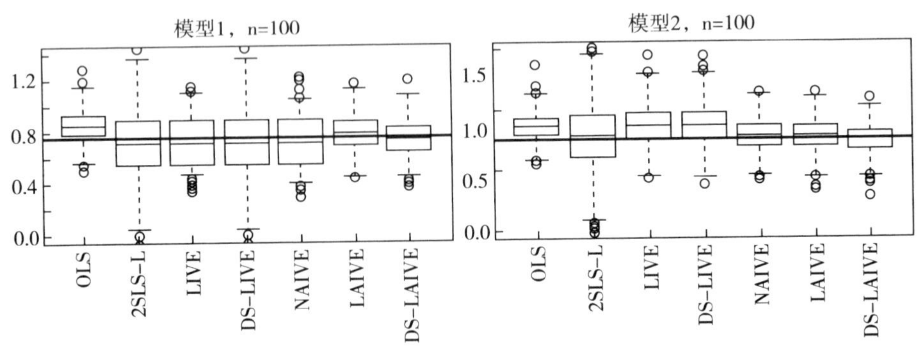

图 5.1　模拟情形 1，n = 100 时 α_0 各种估计量的箱线图

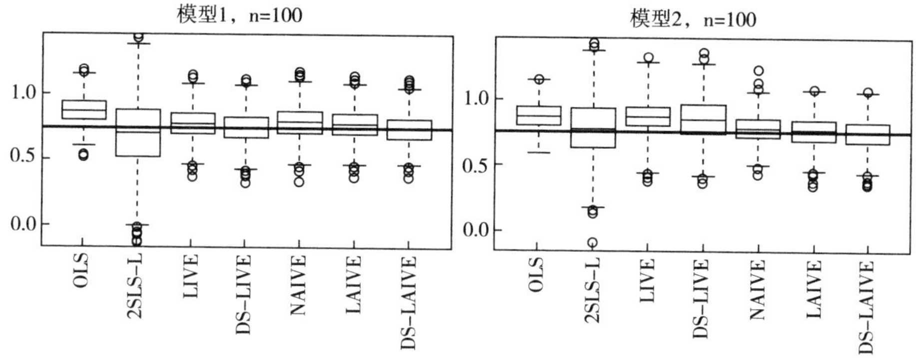

图 5.2　模拟情形 2，n=100 时 α_0 各种估计量的箱线图

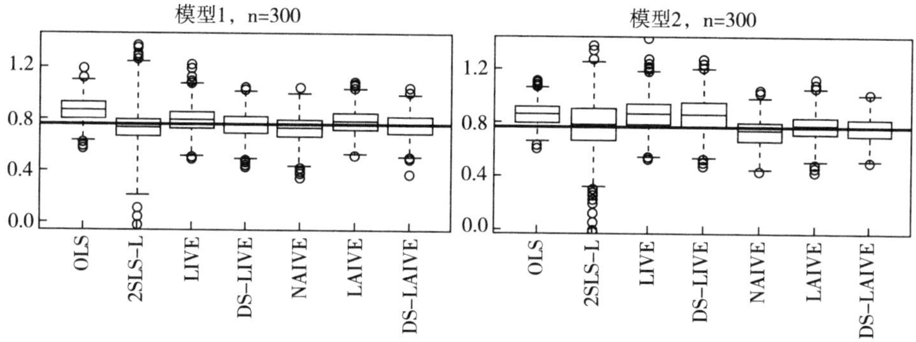

图 5.3　模拟情形 1，n=300 时 α_0 各种估计量的箱线图

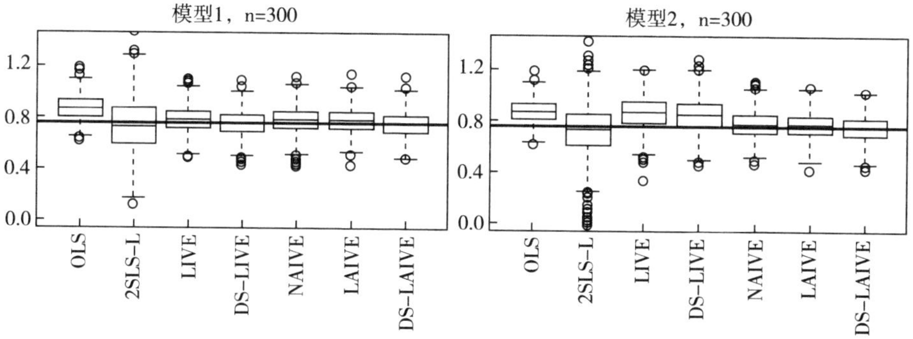

图 5.4　模拟情形 2，n=300 时 α_0 各种估计量的箱线图

2SLS-L 的偏误较小但是均方误最大；NAIVE 的均方误和偏误都较大；由于算法第一步遗漏的重要控制变量 x_2 和 x_3 和算法第二步筛选得到的工具变量 x_2、x_3、z_1 相关，x_2、x_3、z_1 不再是有效的工具变量，所以 LIVE 和 LAIVE 的偏误较大。在模型 1 中，DS-LAIVE 和 DS-LIVE 在偏误和均方误差方面几乎一样。但是，当 Logistic 可加约简形模型假设成立时，相较于 DS-LIVE 的偏误和均方误差，DS-LAIVE 的较小。当样本量从 200 增加到 300，DS-LAIVE 的偏误和均方误差都减少。这进一步验证了定理中 DS-LAIVE 估计量的相合性。因此，在实证研究中，尤其是当二元内生处理效应变量和工具变量之间关系的函数形式未知并且存在大量控制变量时，我们提出的二元内生处理效应估计方法特别有用。

5.5 身体健康状态与个人收入

在这部分，我们将用 DS-LAIVE 方法估计身体健康状态对个人收入的影响。已经有一部分实证研究分析了收入或收入差距对身体健康的影响（封进、余央央，2007），但是较少实证研究关注身体健康状态是否影响收入以及影响收入的程度。在研究健康对非农就业及其工资的影响时，魏众（2004）用 Heckman 的样本选择模型矫正了只有参与了非农就业的样本才有工资数据带来的样本选择偏误，却忽略了身体健康状态和工资收入之间互为因果带来的身体健康状态内生性问题。刘国恩等（2004）研究健康人力资本对个人收入影响时用面板固定效应模型解决了由于家庭背景因素导致的估计量偏误问题，却忽略了其他导致健康状态内生性的因素。高梦滔和姚洋（2005）用动态面板模型研究健康风险冲击对农户收入的影响时，把大病冲击哑变量当作内生变量，用前定解释变量的滞后项和严格外生解释变量的差分项作为大病冲击哑变量的工具变量，用 GMM 估计模型系数。但是他们使用的这些工具变量和大病冲击哑变量之间的相关性较小，导致系数估计量的标准误较大并且显著性水平较差。

我们用 2016 年中国家庭追踪调查数据（CFPS）实证分析身体健康状态对个人收入的影响，并且实证研究了身体健康状态对字词测试得分的影响，其中一个工具变量即到最近医疗点的距离来源于 2010 年 CFPS 基线调查。表 5. 3 展示了实证研究部分所用变量的描述性统计量。一般来说，身体健康的人，其强壮的身体以及充沛的精神和脑力使得他们更容易胜任高度复杂且要求长时间工作的岗位，而这些工作岗位的报酬和福利待遇也相对较高，因此相对于身体健康的人，那些身体不健康的人的收入自然较低。此外，和身体健康的人相比，身体不健康的人的医疗费用支出会占其个人收入的一个相当份额。因此，我们有理由认为在其他影响个人收入的因素保持不变时，身体不健康状态会降低个人收入水平。

表 5. 3　描述性统计量

变量	均值	中位数	最小值	最大值	样本量
收入	35679	25000	1	1029996	3410
字词测试得分	5. 345	5	0	10	3410
性别	0. 5815	1	0	1	3410
受教育水平	3. 01	3	1	7	3410
身体是否健康	0. 2877	0	0	1	3410
年龄	36. 97	35	19	81	3410
是否居住在城市	0. 5798	1	0	1	3410
是否中部地区省份	0. 212	0	0	1	3410
是否西部地区省份	0. 2619	0	0	1	3410
体重	126. 6	120. 0	110. 0	245	3410
是否有慢性病	0. 1097	0	0	1	3410
方圆 5 千米是否有高污染企业	0. 2387	0	0	1	3410
家到最近医疗点距离	2. 036	1	0. 005	30	3410

续表

变量	均值	中位数	最小值	最大值	样本量
做饭用水是否自来水	0.5326	1	0	1	3410
做饭用燃料是否清洁能源	0.907	1	0	1	3410
卫生间是否用水冲洗	0.3877	0	0	1	3410
生活垃圾是否有专人收集处理	0.383	0	0	1	3410
是否吸烟	0.3481	0	0	1	3410
是否饮酒	0.1625	0	0	1	3410
一周锻炼身体次数	1.805	0	0	21	3410

注：数据来源于中国家庭追踪调查 CFPS。

本章中我们考虑的实证计量模型为：

$$\log(income_i)=D_i\alpha_0+X'_i\beta_0+\varepsilon_i$$

其中，$\log(income_i)$ 为个人收入 $income_i$ 取对数，D_i 为个人的身体健康状态。CFPS 数据中有关被调查者身体健康状态的一项调查为“你觉得自己的身体健康状况如何?”，被调查者可以在“非常健康、很健康、比较健康、一般、不健康”五个选项中选择，若被调查者选择非常健康、很健康或比较健康，则我们认为其身体健康，$D_i=0$；否则认为其身体不健康，$D_i=1$。X_i 为其他控制变量，包括性别、受教育水平、年龄、年龄的平方项、是否居住在城市、是否中部地区省份、是否西部地区省份、是否有慢性病、体重和方圆 5 千米是否有高污染企业等。

由于个人身体健康状态与收入之间存在互为因果的关系，即存在身体健康的经济效应和经济的身体健康效应且自评身体健康状态变量存在测量误差，所以身体健康状态是内生性的。我们找到的身体健康状态潜在工具变量有从家到最近医疗点的距离，生活行为指标如是否吸烟、是否饮酒、是否参加体育锻炼，生活环境指标如做饭用水是否为自来水、做饭用燃料是否为清洁能源、家里的卫生间是否用水冲洗、家里的垃圾是否有专人收集处理等。

上述潜在工具变量不直接影响个人收入或者在控制了充分多的变量后与不可观测的随机扰动项无关。为了保证潜在工具变量是外生的，我们用变量选择方法从潜在控制变量中筛选重要的控制变量，但是不完美模型选择可能遗漏重要的控制变量。我们建议用双选法筛选控制变量，从而保证我们实证结果的正确性。

我们找到了尽可能多的外生工具变量，但是不确定这些工具变量和身体健康状态变量之间的相关性，这些工具变量中的一些变量可能和身体健康状态无关，若用这些弱工具变量估计身体健康状态的最优工具变量，可能扭曲系数的置信区间。另外，一些工具变量可能以非线性的形式影响身体健康状态，线性约简形模型不能很好地刻画这些工具变量的非线性作用。我们提出的 DS-LAIVE 方法可以很好地解决上面提到的这些问题。

我们考虑的约简形模型是：

$$\mathrm{log}it(P(D_i=1 \mid Z_i))=\mu+\sum_{i=1}^{10} f_j(z_{ij})+\nu_i.$$

其中，f_j（·）是第 j 个未知的单变量平滑函数，并且 z_{ij} 是上面提到的第 j 个工具的第 i 个观测值，$j=1$，2，…，10。对于每一个 j，我们允许相应样条函数的自由度和节点不同。

运用适应性 group Lasso 和 BIC 准则，我们选择的工具变量为从家到最近医疗点的距离，选择从家到最近医疗点距离的节点数为 2。在研究身体健康状态对个人收入的影响时，双选方法第二步筛选得到的额外重要控制变量为是否有慢性病、方圆 5 千米内是否有高污染企业；在研究身体健康状态对字词测试得分的影响时，双选方法第二步筛选得到的额外重要控制变量为是否有慢性病。

表 5.4 展示了回归结果。OLS 没有解决身体健康状态变量的内生性问题，

因此 OLS 估计量是有偏的和不相合的。2SLS-L 是用 Lasso 筛选得到身体健康状态的有效工具变量后，再用传统的两阶段最小二乘法得到的身体健康状态系数估计量。NAIVE 是用高维非参可加约简形模型估计得到身体健康状态的最优工具变量后，进而得到的身体健康状态系数估计量。LIVE 是用 Logistic 模型估计身体健康状态的最优工具变量后，进而得到的身体健康状态系数估计量。DS-LIVE 是用 Logistic 模型估计得到身体健康状态的最优工具变量，并且用双选方法筛选得到控制变量后，用工具变量方法得到的身体健康状态系数估计量。LAIVE 是用 Logistic 可加模型估计身体健康状态的最优工具变量后，进而得到的身体健康状态系数估计量。DS-LAIVE 是用 Logistic 可加模型得到身体健康状态最优工具变量估计量，并且用双选方法筛选得到控制变量后，用工具变量方法得到的身体健康状态系数估计量。在估计身体健康状态对个人收入的影响时，我们的方法 DS-LAIVE 得到的身体健康状态系数估计量的 t 值为 -4.586，用 LAIVE 得到的身体健康状态系数估计量的 t 值为 -3.270。在 DS-LIVE 得到的身体健康状态系数估计量的 t 值为 -3.128。LIVE 得到的健康状态系数估计量的 t 值为 -3.227，NAIVE 得到的身体健康状态系数估计量的 t 值为 -2.666，2SLS-L 得到的身体健康状态系数估计量的 t 值为 -2.866，OLS 得到的身体健康状态系数估计量的 t 值为 -3.206。在估计身体健康状态对字词测试得分的影响时，用估计方法 DS-LAIVE 得到的身体健康状态系数估计量 t 值为 -2.853，LAIVE 得到的身体健康状态系数估计量的 t 值为 -2.746，DS-LIVE 得到的身体健康状态系数估计量的 t 值为 -2.203，LIVE 得到的身体健康状态系数估计量的 t 值为 -2.181，NAIVE 得到的身体健康状态系数估计量的 t 值为 -2.422，2SLS-L 得到的身体健康状态系数估计量的 t 值为 -2.203，OLS 得到的身体健康状态系数估计量的 t 值为 -2.091。无论研究身体健康状态对个人收入的影响还是分析身体健康状态对字词测试得分的影响，我们的 DS-LAIVE 方法得到的身体健康状态系数估计量 t 值的绝对值都是最大的，原因是与

DS-LIVE 相比，我们的 DS-LAIVE 方法在筛选工具变量时发现从家到最近医疗点距离的节点数为 2，从而捕捉到了该工具变量对身体健康状态的非线性影响；与 LIVE 和 LAIVE 相比，DS-LAIVE 采用的双选方法在第二步筛选时得到额外重要的控制变量，从而保证了实证结果的准确性；与 NAIVE 相比，DS-LAIVE 估计得到的身体健康状态最优工具变量预测值大于 0 且小于 1，而且双选方法筛选得到额外重要的控制变量；2SLS-L 不仅忽略了从家到最近医疗点距离对身体健康状态的非线性影响而且对身体健康状态的最优工具变量预测值常常大于 1 或者小于 0。

表 5.4　身体健康状态对收入或字词测试得分的影响

变量	个人收入		字词测试得分	
	系数	标准误	系数	标准误
OLS	-0.1360**	0.0424	-0.1438*	0.0687
2SLS-L	-1.0983**	0.3832	-0.2790*	0.1266
LIVE	-1.2119**	0.3756	-0.2762*	0.1267
DS-LIVE	-1.1753**	0.3757	-0.2790*	0.1266
NAIVE	-0.2995**	0.1123	-0.3273*	0.1352
LAIVE	-0.3692**	0.1129	-0.3279**	0.1194
DS-LAIVE	-0.3162***	0.0689	-0.3604***	0.1263

注：OLS 是普通最小二乘估计量，身体健康状态内生性问题没有得到解决。2SLS-L 是两阶段最小二乘法，但是没有考虑工具变量的非线性作用。估计身体健康状态对个人收入影响时，OLS、2SLS-L、NAIVE、LIVE、DS-LIVE、LAIVE 和 DS-LAIVE 用的控制变量包括性别、受教育水平、年龄、年龄的平方项、是否居住在城市、是否中部地区省份、是否西部地区省份、是否有慢性病、体重和方圆 5 千米是否有高污染企业等。估计身体健康状态对字词测试影响时，OLS、2SLS-L、NAIVE、LIVE、DS-LIVE、LAIVE 和 DS-LAIVE 用的控制变量包括受教育水平、是否居住在城市、性别、年龄、年龄平方项、是否中部地区省份、是否西部地区省份、家庭人均支出、是否有慢性病。***、**、*分别表示 0.01、0.05 和 0.1 的显著性水平。

5.6 本章结论

本章提出了二元内生处理效应的双选加 Logistic 可加工具变量估计量（DS-LAIVE），证明了 DS-LAIVE 的理论性质并且使用模拟数据和中国家庭追踪调查数据对 DS-LAIVE、LAIVE、DS-LIVE、LIVE、NAIVE、2SLS-L 和 OLS 方法进行对比研究。数值模拟结果表明：相较于其他几个估计量，本章提出的 DS-LAIVE 估计量的偏误均值和均方误差较小。实证研究表明，和其他估计量相比，本章提出的 DS-LAIVE 方法得到的身体健康状态系数估计量的 t 值绝对值更大。本章提出的二元内生处理效应估计方法是对工具变量方法的一种拓展和完善。二元内生处理效应 DS-LAIVE 估计量的优势主要体现在：首先，与 LIVE 相比，DS-LAIVE 考虑了工具变量的非线性作用；其次，与 NAIVE 相比，DS-LAIVE 对最优工具变量的预测大于 0 且小于 1，因而相应估计量的方差更小；再次，与 2SLS-L 相比，DS-LAIVE 既考虑了内生处理效应的二元属性又考虑了工具变量的非线性作用，因而偏误和均方误差更小；最后，DS-LAIVE 使用变量选择方法筛选工具变量，避免了弱工具变量使用带来处理效应估计量的不精确性。

5.7 本章附录

下面假设（A1）~假设（H1）是 Wang 和 Tian（2017）中的假设，可以保证适应性 group Lasso 估计量的质量。

假设（A1）：$\frac{1}{n}U^{(1)'}diag\left\{\frac{\exp(U'_1\gamma_0)}{1+\exp(U'_1\gamma_0)}, \cdots, \frac{\exp(U'_n\gamma_0)}{1+\exp(U'_n\gamma_0)}\right\}U^{(1)}$ 的特征值不等于 0 且小于无穷。

假设（B1）：$k_n=O(p_n+q_n)$，$k_0=O(s_n)$。

假设（C1）：存在常数 M，使得 $\max_{1\leqslant i\leqslant n}\max_{1\leqslant j\leqslant p_n+q_n}\|U_{ij}\|\leqslant M$。

假设（D1）：存在一个开集 B_n 且 $\gamma_0\in B_n$，当 $\gamma\in B_n$ 时，对 U_i 的所有可能取值，我们有 $\left|\frac{\exp(U'_i\gamma)-\exp^2(U'_i\gamma)}{[1+\exp(U'_i\gamma)]^3}\right|\leqslant M$。

假设（E1）：初始估计量 $\tilde{\gamma}$ 满足 $r_n\max_{j=s_n+1,\cdots,p_n+q_n}\|\tilde{\gamma}_j\|=O_p(1)$，其中当 $n\to\infty$ 时，$r_n\to\infty$；并且存在 $\xi_0>0$，使得对任意 $\varepsilon>0$，有 $P(\min_{j=1,\cdots,s_n}\|\tilde{\gamma}_j\|>\xi_0\theta_1)>1-\varepsilon$。

假设（F1）：存在常数 $0<3c_3<c_4\leqslant 1$ 和 M>0，使得 $s_n=O(n^{c_3})$ 和 $n^{(1-c_4)/2}\theta_1\geqslant M$。

假设（G1）：对任意 $r\geqslant 2$ 和一些常数 M 和 R，有 $E\left|y_1-\frac{\exp(U'_1\gamma_0)}{1+\exp(U'_1\gamma_0)}\right|^r\leqslant \frac{1}{2r!}M^{r-2}R$

假设（H1）：$\frac{(s_n/n)^{1/2}}{r_n\lambda_{n2}}\to 0$，$\frac{(\log((p_n+q_n)))^{1/2}}{r_n\lambda_{n2}}\to 0$。

引理 5.7.1：设 X_{ij} 是独立同分布且均值为 0 的随机变量。则我们有：

$$P(\max_{1\leqslant j\leqslant p}|S_j|>\Phi^{-1}(1-\gamma/2p))\leqslant\gamma(1+A/\iota_n^3) \tag{5.14}$$

其中，$S_j=\frac{\sum_{i=1}^{n}x_{ij}}{\sqrt{\sum_{i=1}^{n}x_{ij}^2}}$，$\Phi(\cdot)$ 是标准正态分布的分布函数，A 是一个正常

数，$\iota_n>0$，$0\leqslant\Phi^{-1}(1-\gamma/(2p))\leqslant\frac{n^{1/6}}{\iota_n}\min_{1\leqslant j\leqslant p}M_j^2-1$，$M_j=\frac{E^{1/2}(x_{ij}^2)}{E^{1/3}(x_{ij}^3)}$。

该引理来源于 Jing 等（2003），也出现在 De la Pena 等（2009）、Belloni 等（2012，2014）及 Fan 和 Zhong（2018）中。

引理 5.7.2：（关于$\|X'\nu/\sqrt{n}\|_\infty$的界）若假设（G）成立，则我们有：

$$\|X'\nu/\sqrt{n}\|_\infty=O_p(\sqrt{\log(p\vee n)}) \tag{5.15}$$

证明引理 5.7.2：存在 ι_n 很缓慢趋于∞，$1/\gamma=\iota_n\leqslant C\log(n)$，我们有：

$$\max_{1\leqslant j\leqslant p}\left|\frac{n^{-1/2}\sum_{i=1}^{n}x_{ij}\nu_i}{\sqrt{1/n\sum_{i=1}^{n}x_{ij}^2\nu_i^2}}\right|\leqslant\Phi^{-1}(1-\frac{1}{2\iota_n p})\leqslant C_1\sqrt{2\log(2\iota_n p)}$$

$$\leqslant C_2\sqrt{\log(p\vee n)} \tag{5.16}$$

如果下面不等式（5.17）表示的条件成立，由引理 5.7.1 可得第一个不等号：

$$\Phi^{-1}(1-/(2\iota_n p))\leqslant\frac{n^{1/6}}{\iota_n}\min_{1\leqslant j\leqslant p}M_j^2-1,\ M_j=\frac{E^{1/2}(x_{ij}^2\nu_i^2)}{E^{1/3}(x_{ij}^3\nu_i^3)} \tag{5.17}$$

由假设（G）$\log(p)/n^{1/3}\to0$ 和 $\min_{1\leqslant j\leqslant p}M_j\geqslant c$，可得式（5.17）成立。

由假设（G）得：

$$\max_{1\leqslant j\leqslant p}\sqrt{\frac{1}{n}\sum_{i=1}^{n}x_{ij}^2\nu_i^2}\leqslant O_p(1)。$$

因此，我们得引理 5.7.2。

证明引理 5.3.1：由泰勒展开得：

$$\hat{D}_i^*-D_i^*=\frac{\exp(U'_i\hat{\gamma})}{1+\exp(U'_i\hat{\gamma})}-\frac{\exp(\mu_0+\sum_{j=1}^{q}f_j(z_{ij}))}{1+\exp(\mu_0+\sum_{j=1}^{q}f_j(z_{ij}))}$$

$$\approx\frac{\exp(U'_i\hat{\gamma})}{1+\exp(U'_i\hat{\gamma})}-\frac{\exp(U'_i\gamma_0)}{1+\exp(U'_i\gamma_0)}$$

$$=\frac{\exp(U'_i\gamma_0)}{[1+\exp(U'_i\gamma_0)]^2}(U'_i\hat{\gamma}-U'_i\gamma_0)+\frac{\exp(U'_i\gamma_0)[1-\exp(2U'_i\gamma_0)]}{2[1+\exp(U'_i\gamma_0)]^4}$$

$$(U'_i\hat{\gamma}-U'_i\gamma_0)^2(1+o(1))$$

$$\leqslant(U'_i\hat{\gamma}-U'_i\gamma_0)+(U'_i\hat{\gamma}-U'_i\gamma_0)^2(1+o(1))$$

$$\leqslant O_p\left(\sqrt{\frac{s_n}{n}}\right)$$

其中，最后一个等号由 U_i 的分量 $|\psi_k(z_{ij})|<2$ 和适应性 group Lasso 估计量的收敛速率得出。

证明定理 5.3.1：Belloni 等（2014）中定理 1 给出了外生处理效应双选估计量渐近性质的证明过程。与 Belloni 等（2014）的不同之处在于：本章中，处理效应变量是二元内生变量，我们通过 Logistic 可加约简形模型建立了二元内生处理效应变量和工具变量之间的函数关系，由 Wang 等（2017）定理的结论，我们给出了二元内生处理效应变量最优工具变量估计量的收敛速率。

$$\hat{\alpha}=(\hat{D}'M_{\hat{I}}D)^{-1}\hat{D}'M_{\hat{I}}Y$$

$$=(\hat{D}'M_{\hat{I}}D)^{-1}\hat{D}'M_{\hat{I}}(D\alpha_0+X\beta_0+\varepsilon)$$

$$=\alpha_0+(\hat{D}'M_{\hat{I}}D)^{-1}\hat{D}'M_{\hat{I}}(X\beta_0+\varepsilon)$$

整理得：

$$\sqrt{n}(\hat{\alpha}-\alpha_0)=\left(\frac{\hat{D}'M_{\hat{I}}D}{n}\right)^{-1}\frac{\hat{D}'M_{\hat{I}}(X\beta_0+\varepsilon)}{\sqrt{n}}$$

$$=I_1^{-1}\cdot I_2 \tag{5.18}$$

下面我们处理 I_1 项，

$$I_1=\frac{\hat{D}'M_{\hat{I}}D}{n}=\frac{(\hat{D}-D^*+D^*)'M_{\hat{I}}D}{n}=\frac{(\hat{D}-D^*)'M_{\hat{I}}(D^*+\nu)}{n}+\frac{D^{*\prime}M_{\hat{I}}(D^*+\nu)}{n}$$

$$=\frac{D^{*\prime}M_ID^*}{n}+\frac{(\hat{D}-D^*)'M_{\hat{I}}D^*}{n}+\frac{(\hat{D}-D^*)'M_{\hat{I}}\nu}{n}+\frac{D^{*\prime}M_{\hat{I}}\nu}{n}+\frac{D^{*\prime}(M_{\hat{I}}-M_I)D^*}{n}$$

$$=\frac{D^{*\prime}M_I D^*}{n}+I_{11}+I_{12}+I_{13}+I_{14}$$

定义$\varsigma=\hat{D}-D^*$，

$$I_{11}=\frac{(\hat{D}-D^*)'M_{\hat{I}}D^*}{n}=\frac{(\hat{D}-D^*)'D^*}{n}-\frac{\varsigma'P_{\hat{I}}D^*}{n}$$

$$=O_p\left(\sqrt{\frac{s_n}{n}}\right)+O_p\left(\frac{k_0\phi_{\min}^{-1}(k_0)\sqrt{\log(k_0)}}{\sqrt{n}}\right)$$

$$=o_p(1)$$

其中，$\frac{(\hat{D}-D^*)'D^*}{n}\leqslant\sqrt{\frac{\sum_{i=1}^{n}(\hat{D}_i-D_i^*)^2}{n}}=O_p\left(\sqrt{\frac{s_n}{n}}\right)$

由于$D_i^*\in[0,1]$，所以不等号成立，由引理5.3.1得等号成立。

$$\frac{\varsigma'P_{\hat{I}}D^*}{n}=\frac{\hat{\beta}'_{\varsigma}X'_{\hat{I}}D^*}{n}=\|\hat{\beta}_{\varsigma}\|_1\left|\frac{X'_{\hat{I}}D^*}{n}\right|_{\infty}\leqslant O_p\left(\frac{k_0\phi_{\min}^{-1}(k_0)\sqrt{\log(k_0)}}{\sqrt{n}}\right)$$

由假设（F）和下面式（5.19）得最后一个不等号成立。

$$\|\hat{\beta}_{\varsigma}\|_1=\left|\left(\frac{X'_{\hat{I}}X_{\hat{I}}}{n}\right)^{-1}\frac{X'_{\hat{I}}\varsigma}{n}\right|_1\leqslant\frac{1}{\sqrt{n}}\phi_{\min}^{-1}(\hat{k})\hat{k}\left|\frac{X'_{\hat{I}}\varsigma}{\sqrt{n}}\right|_{\infty}=O_p\left(\frac{k_0\phi_{\min}^{-1}(k_0)\sqrt{\log(k_0)}}{\sqrt{n}}\right)\tag{5.19}$$

由稀疏特征值假设（D）得第一个不等号成立，由引理5.7.2得最后一个等号成立。

下面我们处理I_{12}项，

$$I_{12}=\frac{(\hat{D}-D^*)'M_{\hat{I}}\nu}{n}$$

$$=\frac{(\hat{D}-D^*)'\nu}{n}-\frac{\varsigma'P_{\hat{I}}\nu}{n}$$

$$\leqslant \sqrt{\frac{\sum_{i=1}^{n}(\hat{D}_i^* - D_i^*)^2}{n}}\sqrt{\frac{\sum_{i=1}^{n}\nu_i^2}{n}} - \frac{\hat{\beta}'_{\varsigma} X'_{\hat{I}}\nu}{n}$$

$$\leqslant \sqrt{\frac{\sum_{i=1}^{n}(\hat{D}_i^* - D_i^*)^2}{n}}\sqrt{\frac{\sum_{i=1}^{n}\nu_i^2}{n}} - \frac{1}{\sqrt{n}}\|\hat{\beta}_{\zeta}\|_1 \left|\frac{X'_{\hat{I}}\nu}{\sqrt{n}}\right|_{\infty}$$

$$= O_p\left(\sqrt{\frac{s_n}{n}}\right)\sqrt{E(\nu_i^2)} - \frac{1}{\sqrt{n}}O_p\left(\frac{k_0\phi_{\min}^{-1}(k_0)\sqrt{\log(k_0)}}{\sqrt{n}}\right)O_p(\sqrt{\log(\hat{k})})$$

$$= o_p(1)$$

其中，由柯西施瓦兹不等式得第一个不等号成立，由引理 5.3.1、弱大数定理、引理 5.7.2 和式（5.19）得第三个等号成立。

$$I_{13} = \frac{D^{*\prime}M_{\hat{I}}\nu}{n} = \frac{D^{*\prime}\nu}{n} - \frac{D^{*\prime}X_{\hat{I}}(X'_{\hat{I}}X_{\hat{I}}/n)^{-1}X'_{\hat{I}}\nu}{n^2}$$

$$\leqslant \frac{1}{\sqrt{n}}\phi_{\min}^{-1}(\hat{k})\left|\frac{D^{*\prime}X_{\hat{I}}}{n}\right|_1\left|\frac{X'_{\hat{I}}\nu}{\sqrt{n}}\right|_{\infty} + o_p(1)$$

$$\leqslant \frac{1}{\sqrt{n}}\phi_{\min}^{-1}(\hat{k})\hat{k}\left|\frac{D^{*\prime}X_{\hat{I}}}{n}\right|_{\infty}\left|\frac{X'_{\hat{I}}\nu}{\sqrt{n}}\right|_{\infty} + o_p(1)$$

$$= O_p\left(\frac{\phi_{\min}^{-1}(\hat{k})\hat{k}\sqrt{\log(\hat{k})}}{\sqrt{n}}\right) = o_p(1)$$

为了处理 I_{14} 项，我们假设 $\|M_{\hat{I}} - M_I\|_{\infty}$ 总是存在的。$M_{\hat{I}} - M_I$ 的最大值在它的第（k，1）个元素处取到，标记为 m_{Δ}。由 $M_{\hat{I}} - M_I = P_I - P_{\hat{I}}$，我们有 $m_{\Delta} = \sum_{j\in I}\sum_{i\in I} x_{ki}A_{ij}x_{lj} - \sum_{j\in\hat{I}}\sum_{i\in\hat{I}} x_{ki}\tilde{A}_{ij}x_{lj}$，其中 $A = (X'_I X_I)^{-1}$ 和 $\tilde{A} = (X'_{\hat{I}}X_{\hat{I}})^{-1}$。对于任何 $\delta>0$，我们有：

$$P(|m_{\Delta}|>\delta) = P\left(\left|\sum_{j\in I}\sum_{i\in I} x_{ki}A_{ij}x_{j\iota} - \sum_{j\in\hat{I}}\sum_{i\in\hat{I}} x_{ki}\tilde{A}_{ij}x_{j\iota}\right| > \delta\right)$$

$$\leqslant P\left(\left|\sum_{i,\, j\in I\cap\hat{I}}(x_{ki}A_{ij}x_{j\iota} - x_{ki}\tilde{A}_{ij}x_{j\iota})\right| > \delta/3\right) +$$

$$P\left(\left|\sum_{i,\ j\in I\cap\hat{I}^c}(x_{ki}A_{ij}x_{j\iota}-x_{ki}\widetilde{A}_{ij}x_{j\iota})\right|>\delta/3\right)+$$
$$P\left(\left|\sum_{i,\ j\in I^c\cap\hat{I}}(x_{ki}A_{ij}x_{j\iota}-x_{ki}\widetilde{A}_{ij}x_{j\iota})\right|>\delta/3\right)$$
$$\to 0 \tag{5.20}$$

其中，由于 $A_{ij}=\widetilde{A}_{ij}$，$i$，$j\in I\cap\hat{I}$，第一项依概率 0 发生。由于变量选择一致性即 $p(\hat{I}=I)\to 1$，后两项趋近 0。因此，$m_{\Delta}=o_p(1)$。由假设（F），我们得：

$$I_{14}=\frac{D^{*\prime}(M_{\hat{I}}-M_I)D^*}{n}\leqslant\frac{D^{*\prime}D^*}{n}o_p(1)=o_p(1)$$

因此，我们得：

$$I_1=\frac{D^{*\prime}M_ID^*}{n}+o_p(1)$$

下面我们处理 I_2 项，

$$I_2=\frac{\hat{D}'M_{\hat{I}}(X\beta_0+\varepsilon)}{\sqrt{n}}=\frac{(\hat{D}-D^*+D^*)'M_{\hat{I}}(X\beta_0+\varepsilon)}{\sqrt{n}}$$
$$=\frac{D^{*\prime}M_I\varepsilon}{\sqrt{n}}+\frac{(\hat{D}-D^*)'M_{\hat{I}}X\beta_0}{\sqrt{n}}+\frac{(\hat{D}-D^*)'M_{\hat{I}}\varepsilon}{\sqrt{n}}+\frac{D^{*\prime}M_{\hat{I}}X\beta_0}{\sqrt{n}}+\frac{D^{*\prime}(M_{\hat{I}}-M_I)\varepsilon}{\sqrt{n}}$$
$$=\frac{D^{*\prime}M_I\varepsilon}{\sqrt{n}}+I_{21}+I_{22}+I_{23}+I_{24}$$

接下来，

$$\|M_{\hat{I}}D^*\|=\|D^*-P_{\hat{I}}D^*\|=O_p(1)$$

由于 $D^*\in[0,\ 1]$，所以我们仅关注：

$$\|P_{\hat{I}}D^*\|=\|X_{\hat{I}}(X'_{\hat{I}}X_{\hat{I}})^{-1}X'_{\hat{I}}D^*\|$$
$$\leqslant\|X_{\hat{I}}(X'_{\hat{I}}X_{\hat{I}}/n)^{-1}X'_{\hat{I}}X_{\hat{I}}/n(X'_{\hat{I}}X_{\hat{I}}/n)^{-1}X'_{\hat{I}}/n\|\cdot\|D^*\|$$
$$\leqslant C\phi_{\min}^{-2}(\hat{k})\|D^*\|$$
$$=O_p(1)$$

其中，由柯西施瓦兹不等式得第一个不等号成立，由稀疏特征值假设（D）得第二个不等号成立。

对于一向量 $z\in R^n$，我们定义 $\hat{\beta}_z(A)=\arg\min_{\beta\in R^m}\|z-X\beta\|^2$，$\beta_j=0$，$\forall j\notin A$。

$$\begin{aligned}
&\|M_{\hat{I}}X\beta_0/\sqrt{n}\|-\|M_{\hat{I}}\alpha_0D^*/\sqrt{n}\|\\
&\leqslant\|M_{\hat{I}}(\alpha_0D^*+X\beta_0)/\sqrt{n}\|\\
&\leqslant\|M_{\hat{I}_1}(\alpha_0D^*+X\beta_0)/\sqrt{n}\|\\
&\leqslant\|(\alpha_0D^*+X\beta_0-P_{\hat{I}_1}(\alpha_0D^*+X\beta_0))/\sqrt{n}\|\\
&\leqslant\|(X\hat{\beta}_Y(\hat{I}_1)-\alpha_0D^*-X\beta_0)/\sqrt{n}\|\\
&=O_p\left(\sqrt{\frac{k_0\log(p\vee n)}{n}}\right)
\end{aligned}$$

其中，由 Post-Lasso 估计量性质（Belloni 和 Chernozhukov，2013）得最后一个等号成立。这意味着：

$$\|M_{\hat{I}}X\beta_0/\sqrt{n}\|=O_p\left(\sqrt{\frac{k_0\log(p\vee n)}{n}}\right)\tag{5.21}$$

$$\begin{aligned}
I_{21}&=\frac{(\hat{D}-D^*)'M_{\hat{I}}X\beta_0}{\sqrt{n}}\\
&\leqslant\|\hat{D}-D^*\|\cdot\frac{M_{\hat{I}}X\beta_0}{\sqrt{n}}\\
&\leqslant O_p\left(\sqrt{\frac{s_n}{n}}\right)O_p\left(\sqrt{\frac{k_0\log(p\vee n)}{n}}\right)=o_p(1)
\end{aligned}$$

其中，由柯西施瓦兹不等式得第一个不等号成立，由引理 5.3.1 和式（5.21）得第二个不等号成立。

$$I_{22}=\frac{(\hat{D}-D^*)'M_{\hat{I}}\varepsilon}{\sqrt{n}}=\frac{(\hat{D}-D^*)'\varepsilon}{\sqrt{n}}-\frac{\varsigma'P_{\hat{I}}\varepsilon}{\sqrt{n}}$$

$$\leqslant \|\hat{D}-D^*\|\cdot\sqrt{\frac{\sum_{i=1}^{n}\varepsilon_i^2}{n}}-\frac{\hat{\beta}'_{\varsigma}X'_{\hat{I}}\varepsilon}{\sqrt{n}}$$

$$\leqslant \|\hat{D}-D^*\|\cdot\sqrt{\frac{\sum_{i=1}^{n}\varepsilon_i^2}{n}}-\|\hat{\beta}_{\xi}\|_1\left\|\frac{X'_{\hat{I}}\varepsilon}{\sqrt{n}}\right\|_{\infty}$$

$$\leqslant O_p\left(\sqrt{\frac{s_n}{n}}\right)E(\varepsilon_i^2)+O_p\left(\frac{k_0\phi_{\min}^{-1}(k_0)\sqrt{\log(k_0)}}{\sqrt{n}}\right)O_p(\sqrt{\log(\hat{k})})$$

$$=o_p(1)$$

其中，由柯西施瓦兹不等式得第一个不等号成立，由引理 5. 3. 1、弱大数定理，假设（E）、式（5. 19）和引理 5. 7. 2 得最后一个不等号成立。

$$I_{23}=\frac{D^{*}{}'M_{\hat{I}}X\beta_0}{\sqrt{n}}\leqslant\|D^*\|\cdot\frac{M_{\hat{I}}X\beta_0}{\sqrt{n}}\leqslant O_p\left(\sqrt{\frac{k_0\log(p\vee n)}{n}}\right)=o_p(1)$$

其中，由 $D_i^*\in[0,1]$和式(5. 21)得最后一个不等号成立。

$$I_{24}=\frac{D^{*}{}'(M_{\hat{I}}-M_I)\varepsilon}{\sqrt{n}}\leqslant\frac{D^{*}{}'\varepsilon}{\sqrt{n}}o_p(1)=o_p(1)$$

其中，由式（5. 20）得第一个不等号成立，由弱大数定理得最后一个等号成立。因此，我们得：

$$I_2=\frac{D^{*}{}'M_I\varepsilon}{\sqrt{n}}+o_p(1)$$

$$\sqrt{n}(\hat{\alpha}-\alpha_0)=\left(\frac{D^{*}{}'M_ID^*}{n}+o_p(1)\right)^{-1}\left(\frac{D^{*}{}'M_I\varepsilon}{\sqrt{n}}+o_p(1)\right)$$

由弱大数定理得 $n^{-1}D^{*}{}'M_ID^*=E(n^{-1}D^{*}{}'M_ID^*)+o_p(1)$，$\sum_{i=1}^{n}d_i^*M_{I(i,j)}\varepsilon_j$ 是独立同分布的均值为 0，方差为 $\sigma^2=E(n^{-1}D^{*}{}'M_I\varepsilon\varepsilon'M_ID^*)$，由中心极限定理

和 Slutsky 定理得：

$\sigma_n^{-1}\sqrt{n}(\hat{\alpha}-\alpha_0)\rightarrow N(0, 1)$。

条件同方差时，我们有 $\sigma_n^2=(E(n^{-1}D^{*\prime}M_I D^{*}))^{-1}\sigma_\varepsilon^2$，$\mathrm{Var}(\varepsilon_i)=\sigma_\varepsilon^2$。

6　基于比例优势模型和双选的内生有序变量系数估计

6.1　研究目的

在经济学实证研究中，内生性问题常常发生。例如，本书实证部分关注父母的身体健康水平对儿童教育的影响，由于自评健康变量的测量误差或者遗漏既影响父母身体健康状态，又影响对儿童教育起作用的家庭背景因素，父母的身体健康状态变量是内生的。此时，感兴趣解释变量系数的普通最小二乘估计量是有偏的。工具变量法经常被用于解决解释变量的内生性问题。在大量的实证研究中，如 Angrist 和 Krueger（1991）、Frankel 和 Romer（1999），两阶段最小二乘法被用来得到感兴趣系数的相合估计量。Cai 等（2006）研究了含有内生变量的函数系数模型的工具变量估计问题。最优工具变量是给定有效工具变量时内生变量的条件期望，该最优工具变量可以使工具变量估计量的方差最小（Amemiya，1974）。实际操作中，为了提高工具变量估计量的精确性，大量的潜在工具变量被用来估计内生变量的最优工具变量。但是，弱工具变量的使用导致工具变量估计量偏误较大（Donald 和 Newey，2001）。Hanson 和 Kozbur（2014）提出用拇指法则 F 统计量来判断是否存在弱工具变量，却无法判断哪一个工具变量是弱工具变量。Belloni 等（2012）提出用高维工具变量估计内生变量系数的 Post-Lasso 方法。Zhong 等（2021）提出用高维 Logistic 约简形模型估计二元内生处理效应变量的最优工具变量。但是，Belloni 等（2012）和 Zhong 等（2021）忽略了内生变量的有序属性，他们的方法得到的内生有序变量最优工具变量估计量经常超过内生有序变量最优工具变量的取值范围，从而造成相应工具变量估计量的方差较大。Hill 和 Waters（1995）指出，在估计含有内生有序解释变量的联立方程模型时，有序 Probit 模型可以被用来估计内生有序变量的最优工具变量。但是，Hill 和 Waters（1995）假定所用的工具变量都是有效的，忽略了弱工具变量的使用带来的统计推断问题（Chao 和 Swanson，2005；Andrews 等，2006；Hausman 等，2012）。因此，存在大量潜在工具变量时，内生有序解释变量最优工具变量估计是一个有待进一步研究的问题。

有效工具变量需要满足下面两个约束：①排他性假设，即给定合适的控制变量，工具变量对被解释变量没有直接影响；②独立性约束，即给定控制变量，工具变量与潜在结果独立（Abadie，2003；Frölich，2007）。若给定大量潜在控制变量，工具变量满足排他性和独立性约束，此时，还没有明确的方法指导我们如何选择控制变量。Donohue Ⅲ和 Levitt（2001）指出，实证经济学家常常根据经验选择控制变量。若给定高维控制变量，处理效应变量满足随机分配干预，Belloni 等（2014）提出用双选法从大量潜在控制变量中筛选出合适的控制变量。若感兴趣的变量是内生的，Belloni 等（2014）提出的双选估计量是有偏的。Chernozhukov 等（2015）指出，给定高维控制变量，工具变量满足独立性和排他性约束，他们建议用变量选择方法从高维控制变量和工具变量中筛选出合适的控制变量和工具变量来估计感兴趣的内生变量系数。若内生变量是有序的，Chernozhukov 等（2015）提出的方法失效。Galbraith 和 Zinde-Walsh（2020）指出，给定许多有效控制变量，处理效应变量满足随机分配干预，此时，他们提出用主成分分析法（PCA）构造辅助变量，以替代原始的大量控制变量。若处理效应变量是内生的，Galbraith 和 Zinde-Walsh（2020）提出的估计量是有偏的。

本章提出了一种用大量潜在工具变量和控制变量估计内生有序变量系数的 DS-POIVE 估计方法。由 Lasso 筛选出的工具变量，我们用比例优势模型（Proportional Odds Model）得到内生有序变量的最优工具变量估计量；并且双选法被用来从大量控制变量中筛选出合适的控制变量；由此，我们提出了内生有序变量系数的 DS-POIVE 估计量。DS-POIVE 估计量的主要创新之处如下：首先，我们用比例优势模型估计内生有序变量的最优工具变量，因此与传统两阶段最小二乘估计量的方差相比，我们 DS-POIVE 估计量的较小；其次，我们的方法剔除了大量潜在工具变量中的弱工具变量；再次，给定大量潜在控制变量，工具变量满足独立性和排他性约束，双选法被用来从大量潜在控制变量中选择出合适的控制变量，双选法可以避免单选法不完美模型选择带来的遗漏变量偏误；最后，我们证明了 DS-POIVE 是 $\sqrt{n}$ 相合的和渐近正态的。模拟结果显示，我们的 DS-POIVE 估计量比 TSLS 更有效率。实证研究部分，DS-POIVE 估计方法发现了更有力的证据支持父母身体的不健康水平对儿童字词测试得分和数学测试得分有负面影响。

本章结构安排如下：第二部分描述了用许多潜在控制变量和工具变量估计内生有序变量系数的 DS-POIVE 估计方法。第三部分给出了 DS-POIVE 估计量的理论性质。第四部分用蒙特卡洛模拟验证 DS-POIVE 估计量的有限样本性质。第五部分用 DS-POIVE 方法研究父母身体健康水平对儿童字词测试得分和数学测试得分的影响，例证了我们方法的有效性。所有证明都写在附录中。

6.2 方法

6.2.1 模型设定

本章考虑如下结构模型：

$$y_i = \alpha_0 d_i + X'_i \beta_0 + \varepsilon_i \tag{6.1}$$

其中，y_i 是被解释变量；d_i 是有序解释变量，d_i 的取值范围为 0，1，…，J；α_0 是 d_i 的真实系数；控制变量 X_i 是 $p\times1$ 维的外生变量；β_0 是 X_i 的 $p\times1$ 维系数向量；ε_i 是随机扰动项；$i=1，2，…，n$，n 是样本量。有序变量 d_i 是内生的，即 $E(\varepsilon_i \mid d_i, X_i) \neq 0$。为了精确估计 α_0，我们允许式（6.1）包含尽可能多的控制变量，即允许 X_i 的维度 p 大于样本量 n。不失一般性地，我们假设 X_i 是外生的。X_i 的第一个成分是 1，相应的系数 β_{10} 是结构模型（6.1）的截距项。

工具变量法被用来得到内生有序变量系数的相合估计量。假设存在 $q\times1$ 维的工具变量，表示为 $Z_i=(z_{i1}, \cdots, z_{iq})'$。最优工具变量是给定有效工具变量，内生变量的条件期望，它可以使工具变量估计量的渐近方差最小（Amemiya，1974）。内生有序变量 d_i 的取值范围为 0，…，J，因此其相应的最优工具变量为 $E(d_i \mid X_i, Z_i)=0\times p(d_i=0 \mid X_i, Z_i)+, \cdots, +J\times p(d_i=J \mid X_i, Z_i)$。传统两阶段最小二乘法的第一阶段用内生变量对工具变量作线性回归来估计最优工具变量。由于两阶段最小二乘法忽略了内生变量的有序属性，所以其估计的最优工具变量取值往往小于 0 或者大于 J，造成两阶段最小二乘估计量的方差较大。我们用比例优势 Logistic 模型（Proportional Odds Logistic Model）

或者比例优势 Probit 模型（Proportional Odds Probit Model）来刻画内生有序变量和工具变量之间的函数关系，通过估计比例优势 Logistic 模型或者比例优势 Probit 模型来估计内生有序变量的最优工具变量。与传统两阶段最小二乘估计量相比，我们提出的内生有序变量系数的工具变量估计量方差较小。用许多潜在工具变量可以提高工具变量估计量的精确性，但是，弱工具变量的使用使得工具变量估计量存在偏误，变量选择方法被用来剔除弱工具变量（Belloni 等，2012）。同时，给定大量潜在控制变量 X_i，工具变量满足独立性和排他性约束（Abadie，2003；Frölich，2007），我们采用双选法从许多潜在控制变量中筛选出合适的控制变量（Belloni 等，2014）。

6.2.2 DS-POIVE 估计量

我们用比例优势 Logistic 模型或者比例优势 Probit 模型描述内生有序变量 d_i，即假设连续型潜在变量 d_i° 和工具变量 Z_i 及 X_i 之间的函数关系为：

$$d_i^{\circ}=X'_i\delta_0+Z'_i\gamma_0+\upsilon_i, \tag{6.2}$$

其中，Z_i 是 $q\times1$ 维的工具变量，允许 X_i、Z_i 的维度大于样本量 $p+q>n$，并且满足稀疏假设，非零系数个数为 s；$F(\cdot)$ 为 υ 的累计分布函数，υ 可以服从正态分布或 Logistic 分布等，并且 $E(\upsilon_i \mid X_i, Z_i)=0$。假设存在 J 个临界值 μ_0，μ_1，…，μ_{J-1}，由潜变量 d_i° 和 J 个临界值，我们用式(6.3)来描述内生有序变量 d_i：

$$d_i=\begin{cases}0 & -\infty<d_i^{\circ}\leqslant\mu_0\\ 1 & \mu_0<d_i^{\circ}\leqslant\mu_1\\ 2 & \mu_1<d_i^{\circ}\leqslant\mu_2\\ & \vdots\\ J & \mu_{J-1}<d_i^{\circ}<\infty\end{cases} \tag{6.3}$$

我们标记 $\mu=(\mu_0, \cdots, \mu_{J-1})'$，$\theta=(\delta'_0, \gamma'_0, \mu')'$。由此，我们得 d_i 的最优工具变量为 $E(d_i \mid X_i, Z_i)=0\cdot p(d_i=0\mid X_i, Z_i)+1\cdot p(d_i=1\mid X_i, Z_i)+\cdots+J\cdot p(d_i=J\mid X_i, Z_i)$，其中，$p(d_i=j\mid X_i, Z_i)$ 是给定工具变量 Z_i，X_i，内生有序变量 d_i 等于 j 的概率，$p(d_i=0\mid X_i, Z_i)=p(d_i^{\circ}\leqslant\mu_0\mid X_i, Z_i)=F(\mu_0-X'_i\delta_0-Z'_i\gamma_0)$，$p(d_i=j\mid X_i, Z_i)=p(\mu_{j-1}<d_i^{\circ}\leqslant\mu_j\mid X_i, Z_i)=F(\mu_j-X'_i\delta_0-Z'_i\gamma_0)-F(\mu_{j-1}-X'_i\delta_0-Z'_i\gamma_0)p(d_i=J\mid X_i, Z_i)=p(\mu_{J-1}\leqslant d_i^{\circ}\mid X_i, Z_i)=1-F(\mu_{J-1}-X'_i\delta_0-Z'_i\gamma_0)$，

我们提出的 DS-POR 算法由下面三个步骤组成：

第一步，由数据(y_i, X_i)，我们用变量选择方法筛选出对 y_i 有解释力的控制变量。我们考虑如下带有 Lasso 惩罚项的目标函数：

$$L_{n1}(y_i, X_i; \beta, \lambda_{n1})=\sum_{i=1}^{n}(y_i-X'_i\beta)^2+\lambda_{n1}\sum_{k=1}^{p}|\beta_k|, \tag{6.4}$$

其中，$|\cdot|$ 表示取绝对值，λ_{n1} 是控制模型复杂度的调节参数。在实际操作中，通过最小化 BIC 或 EBIC 信息准则选择调节参数 λ_{n1}。最小化式（6.4）得惩罚估计量 $\hat{\beta}$：

$$\hat{\beta}=\arg\min_{\beta}L_{n1}(y_i, X_i; \beta, \lambda_{n1})$$

标记这一步筛选得到的控制变量指标集为 $\hat{I}_1=\{k: \hat{\beta}_k\neq 0, k=1, \cdots, p\}$。

第二步，由数据(d_i, X_iZ_i)，我们用变量选择方法筛选出对 d_i 有解释力的控制变量和工具变量。这一步既剔除了弱工具变量又筛选得到了额外重要的控制变量。我们考虑如下带有 l_1 惩罚项的目标函数（Jiao，2016）：

$$L_{n2}(d_i, X_i, Z_i; \theta, \lambda_{n2})=-l(d_i, X_i, Z_i; \theta)+\lambda_{n2}\left(\sum_{k=1}^{p}|\delta_k|+\sum_{k=p+1}^{p+q}|\gamma_k|\right), \tag{6.5}$$

其中，$l(d_i, X_i, Z_i; \theta)=\sum_{i=1}^{n}\sum_{j=0}^{J}I(d_i=j)\log[F(\mu_j-X'_i\delta-Z'_i\gamma)-F(\mu_{j-1}-$

$X'_i\delta-Z'_i\gamma)$]，λ_{n2} 是控制模型复杂度的调节参数，$I(\cdot)$是示性函数。最小化式(6.5)得惩罚估计量 $\tilde{\theta}$:

$$\tilde{\theta}=(\tilde{\delta},\ \tilde{\gamma},\ \tilde{\mu})=\arg\min_{\theta}L_{n2}(d_i,\ X_i,\ Z_i;\ \theta,\ \lambda_{n2})$$

标记这一步筛选得到的控制变量指标集为 $\hat{I}_2=\{k:\ \tilde{\delta}_k\neq 0,\ k=1,\ \cdots,\ p\}$，筛选得到的工具变量指标集为 $\hat{I}_Z=\{k:\ \tilde{\gamma}_k\neq 0,\ k=p+1,\ \cdots,\ p+q\}$。由数据 $(d_i,\ X_{\hat{I}_2 i},\ Z_{\hat{I}_Z i})$，通过最大化目标函数 $l(d_i,\ X_{\hat{I}_2 i},\ Z_{\hat{I}_Z i};\ \theta)$估计得到比例优势模型系数估计量$(\hat{\delta},\ \hat{\gamma},\ \hat{\mu})$，并计算得到 d_i 的最优工具变量估计量：

$$\hat{d}_i=0\cdot F(\hat{\mu}_0-X'_{\hat{I}_2 i}\hat{\delta}-Z'_{\hat{I}_Z i}\hat{\gamma})+\cdots+J\cdot(1-F(\hat{\mu}_{J-1}-X'_{\hat{I}_2 i}\hat{\delta}-Z'_{\hat{I}_Z i}\hat{\gamma})),$$

第三步，由第二步得到的 d_i 的最优工具变量估计量 $\hat{d}_i$ 和上述两个步骤得到的控制变量并集，我们得 α_0 的 DS-POIVE 估计量为：

$$\hat{\alpha}=(\hat{D}'M_{\hat{I}}D)^{-1}\hat{D}'M_{\hat{I}}Y, \tag{6.6}$$

其中，$\hat{D}=(\hat{d}_1,\ \cdots,\ \hat{d}_n)'$，$D=(d_1,\ \cdots,\ d_n)'$，$Y=(y_1,\ \cdots,\ y_n)'$，标记 d_i 的最优工具变量为 d_i^*，$D^*=(d_1^*,\ \cdots,\ d_n^*)'$。对于 $A\subset\{1,\ \cdots,\ p\}$，定义 $X_A=\{X_k,\ k\in A\}$，其中，$\{X_k,\ k=1,\ \cdots,\ p\}$ 是 X 的列向量。$P=X_A(X'_AX_A)^{-1}X'_A$ 是到 X_A 上的投影矩阵，且 $M_A=I_n-P_A$，标记为 $\hat{I}=\hat{I}_1\cup\hat{I}_2$。

我们提出的 DS-POIVE 算法总结如下：

步骤 1：由数据（y_i，X_i），用 Lasso 筛选出对 y_i 有解释力的控制变量，标记这一步筛选得到的控制变量指标集为 $\hat{I}_1$。

步骤 2：由数据（d_i，X_i，Z_i），用 Lasso 筛选出对内生有序变量 d_i 有解释力的控制变量和工具变量，标记这一步筛选得到的控制变量指标集为 $\hat{I}_2$，并计算得到 d_i 的最优工具变量估计量 $\hat{d}_i$。

步骤 3：用 y_i 对 d_i 的最优工具变量估计量 $\hat{d}_i$ 和上述两个步骤得到的控制变量并集 $X_{\hat{I}i}$ 作回归得 α_0 的 DS-POIVE 估计量 $\hat{\alpha}$。

6.3 理论性质

为了得到 DS-POIVE 估计量的理论性质，我们施加如下假设条件。

假设（A）：定义半定矩阵 M 的最小和最大 m 稀疏特征值为：

$\phi_{\min}(m)[M]=\min_{1\leq\|\delta\|_0\leq m}\frac{\delta' M\delta}{\|\delta\|^2}$和 $\phi_{\max}(m)[M]=\max_{1\leq\|\delta\|_0\leq m}\frac{\delta' M\delta}{\|\delta\|^2}$。存在一个序列 $a_n\to\infty$，使得依概率 1 最小和最大 $a_n s$ 稀疏特征值不等于 0，即以不小于 $1-\Delta_n$ 的概率，式子 $k'\leq\phi_{\min}(a_n s)[E_n(X_iX'_i)]\leq\phi_{\max}(a_n s)[E_n(X_iX'_i)]\leq k''$，其中，$E_n(X_iX'_i)=\sum_{i=1}^{n}X_iX'_i/n$，$0<k'<k''<\infty$ 是常数，Δ_n 是很小的正数。

假设（B）：随机扰动项 $E(\varepsilon_i^2)<\infty$ 和 $E(\nu_i^2)<\infty$ 。

假设（C）：$\log(m)=o(n^{1/3})$ 和 $s\log(m\vee n)/n\to 0$，其中 $m=p+q$。存在一个常数 C，使得 $E(x_{ij}^3\nu_i^3)\leq C$。$\max_{1\leq j\leq m}\sqrt{\frac{1}{n}\sum_{i=1}^{n}x_{ij}^2\nu_i^2}\leq O_p(1)$。

假设（D）：$E(d_i^{*2})<\infty$ 且 $\max_{1\leq j\leq s}\left|\sum_{i=1}^{n}x_{ij}d_i^*/n\right|<\infty$ 。

假设（A）是 Belloni 等（2014）稀疏特征值假设。对于独立同分布且均值为 0 的子高斯随机向量或者独立同分布的 0 均值有界随机向量，假设（A）直接成立。假设（C）使我们能够应用附录中引理的结论得到有关误差项的界。假设（B）是随机扰动项的二阶距存在。假设（D）是对内生有序变量一些项施加了距条件。

定理 6.3.1：若假设（A）至假设（D）成立，则 DS-POIVE 估计量是 $\sqrt{n}$

相合的和渐近正态的。

$$\sigma_n^{-1}\sqrt{n}(\hat{\alpha}-\alpha_0)\xrightarrow{d}N(0, 1),$$

其中，结构模型随机扰动项为条件异方差时，我们有 $\sigma_n^2=\left(E\left(\frac{D^{*\prime}M_lD^*}{n}\right)\right)^{-1}E\left(\frac{D^{*\prime}M_l\varepsilon\varepsilon'M_lD^*}{n}\right)\left(E\left(\frac{D^{*\prime}M_lD^*}{n}\right)\right)^{-1}$；随机扰动项为条件同方差时，我们有 $\sigma_n^2=\left(E\left(\frac{D^{*\prime}M_lD^*}{n}\right)\right)^{-1}\sigma_\varepsilon^2$，$\mathrm{Var}(\varepsilon_i \mid X_i)=\sigma_\varepsilon^2$。

定理 6.3.1 说明我们提出的内生有序变量系数的 DS-POIVE 估计量是 $\sqrt{n}$ 相合的和渐近正态的。该定理与 Belloni 等（2014）的定理 3.1 相似，与 Belloni 等（2014）不同之处在于，我们的 DS-POIVE 估计量解决了感兴趣有序解释变量的内生性问题。其中，由 Jiao（2016）和 Alan（2010）的结论，我们证明得到内生有序变量最优工具变量估计量的收敛速率。

6.4 数值模拟

在这一部分，我们用数值模拟检验内生有序变量系数的 DS-POIVE 估计量的理论性质，通过与已有估计量作比较来验证 DS-POIVE 估计量的有限样本表现。已有估计量有普通最小二乘估计量（OLS）、两阶段最小二乘估计量（TSLS）、用 Lasso 剔除弱工具变量后得到的 Post-Lasso 估计量（Belloni 等，2012）、用双选法筛选出合适的控制变量后得到的 DS 估计量（Belloni 等，2014）和剔除弱工具变量后用比例优势模型估计内生有序变量最优工具变量的

POIVE 估计量。

不失一般性地，我们考虑如下结构模型：

$y_i=\alpha d_i+X'_i\beta+\varepsilon_i$，

其中，$\alpha=1$，连续型潜在变量 d_i° 通过下面的式子产生：

$d_i^{\circ}=x_{i1}+1.9x_{i2}+2.5x_{i3}+1.4x_{i5}+x_{i6}+1.6z_{i1}+1.7z_{i2}+1.9z_{i3}+\boldsymbol{v}_i$，

假设存在 2 个临界值点-1 和 1，由潜在变量 d_i° 和临界值，我们产生内生有序解释变量 d_i 如下式：

$$d_i=\begin{cases}0 & d_i^{\circ}\leqslant -1\\ 1 & -1<d_i^{\circ}<1,\\ 2 & d_i^{\circ}\geqslant 1\end{cases}$$

控制变量 X_i 从多元正态分布 $N(0,\sum_x)$ 产生，方差协方差矩阵为 $\sum_x=(\rho_{mn})_{p\times p}$，$\rho_{mn}=0.5^{|m-n|}$，$m$，$n=1$，2，…，$p$，$X_i$ 系数 $\boldsymbol{\beta}=(1,0.11,0.18,0,0.12,2,0,\cdots,0)'$，低维时 p=50，高维时 p=200；工具变量 Z_i 从另一个多元正态分布 $N(0,\sum_Z)$ 产生，$\sum_Z=(\rho_{mn})_{q\times q}$，$\rho_{mn}=0.5^{|m-n|}$，$m$，$n=1$，…，$q$，$q=20$。随机扰动项 $(\boldsymbol{v}_i,\varepsilon_i)$ 从一个均值为 0 和方差协方差矩阵为 $\sum_{\varepsilon v}$ 的二元正态分布产生，其中 $\boldsymbol{\varepsilon}$ 和 $\boldsymbol{v}$ 的方差都为 1，协方差为 0.5，这样就保证了 d_i 的内生性。样本量为 100。

为了研究估计量的有限样本表现，我们估计得到 α 的 6 个估计量，即本章提出的 DS-POIVE 估计量、Lasso 剔除弱工具变量后用比例优势 probit 模型估计内生有序变量最优工具变量而得到的估计量（标记为“POIVE”）、用双选法筛选出合适控制变量后得到的估计量（标记为“DS”）、由 Lasso 筛选出的有效工具变量作线性回归估计内生有序变量最优工具变量而得到的估计量（标记为“Post-Lasso”）、两阶段最小二乘估计量（标记为“TSLS”）和普通最小二乘估计量（标记为“OLS”）。其中，由于高维情形时，控制变量维度大于样本量，所以普通最小二乘估计量 OLS 和两阶段最小二乘估计量 TSLS 是不可行的。表 6.1 显示了我们的数值模拟结果，而且图 6.1 和图 6.2 展示了 α 各种估计量的箱线图。

表 6.1　内生有序变量系数（$\alpha=1$）不同估计量的偏误和均方误

p	方法	偏误	均方误
p=50	OLS	0.0723	0.0206
	TSLS	0.0516	0.0345
	DS	0.0708	0.0194
	Post-Lasso	0.0601	0.0200
	POIVE	0.0425	0.0230
	DS-POIVE	0.0173	0.0128
P=200	OLS	—	—
	TSLS	—	—
	DS	0.0791	0.0306
	Post-Lasso	0.0713	0.0566
	POIVE	0.0577	0.0450
	DS-POIVE	-0.0101	0.0206

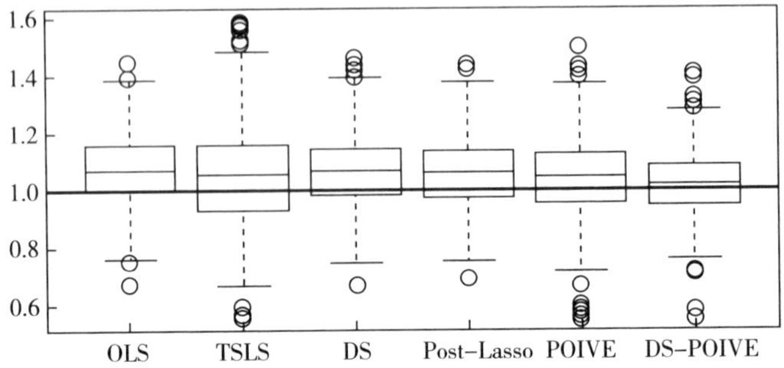

图 6.1　低维情形时，内生有序变量系数各种估计量的箱线图

注：水平线表示真实的内生变量系数（$\alpha=1$）。

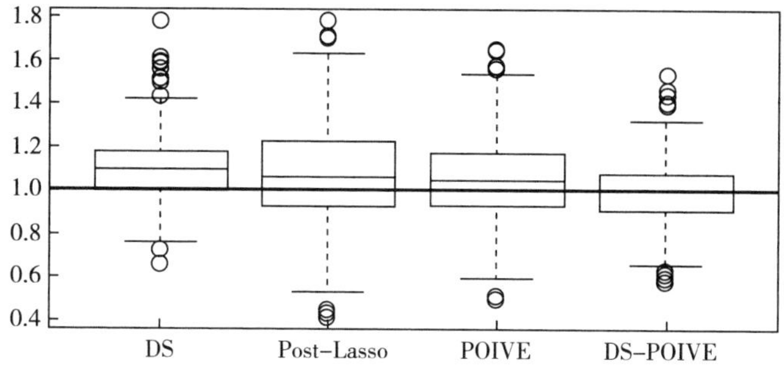

图 6.2 高维情形时，内生有序变量系数各种估计量的箱线图

注：水平线表示真实的内生变量系数（$\alpha=1$）。

所有模拟用 R 软件实现。我们用 R 包 glmnetcr 里的 glmnetcr 函数筛选出对内生有序变量有解释力的工具变量，通过最小化 BIC 信息准则来选择调节参数。我们用 glmnet 包里的 glmnet 函数筛选控制变量，通过最小化 BIC 或 EBIC 信息准则来选择调节参数。

为了评估每种估计量的有限样本表现，我们模拟每种方法 $R=500$ 次，并且计算了各个估计量偏误的平均值（表示为“偏误”），$R^{-1}\sum_{r=1}^{R}(\hat{\alpha}_r-\alpha_0)$，并且计算了均方误差(表示为“均方误”)，$R^{-1}\sum_{r=1}^{R}(\hat{\alpha}_r-\alpha_0)^2$，$\hat{\alpha}_r$ 为 α_0 的第 r 次估计量。

数值模拟结果表明：OLS 估计量的偏误最大且均方误差较大，理由是普通最小二乘法没有解决有序变量 d_i 的内生性问题；DS-POIVE 估计量的偏误和均方误差最小，因为 Lasso 剔除弱工具变量后比例优势模型可以很好地估计内生有序变量的最优工具变量，并且双选法筛选出了额外重要的控制变量；POIVE 的偏误较大但均方误差较小，理由是 POIVE 用单选法筛选控制变量，单选法遗漏重要的控制变量使得 x_2、x_3、x_5 不再是合适的工具变量，另外比例优势模型对内生有序变量最优工具变量的估计在 [0, 2] 区间内，使得

POIVE 的均方误较小；DS 估计量没有解决有序变量的内生性问题，使得 DS 估计量的偏误较大；Post-Lasso 的偏误和均方误差较大，原因是 Post-Lasso 用线性工具变量约简形模型估计内生有序变量的最优工具变量，忽略了内生变量的有序性质，所以 Post-Lasso 得到的最优工具变量预测值大于 2 或者小于 0，使得 Post-Lasso 估计量的均方误差较大，并且 Post-Lasso 用单选法筛选控制变量，遗漏了重要的控制变量。TSLS 估计量的偏误和均方误差较大，因为 TSLS 使用了大量的弱工具变量，并且得到的内生有序变量最优工具变量估计值大于 2 或者小于 0。

6.5　父母身体健康水平对儿童学习成绩的影响

这部分用上文提出的 DS-POIVE 估计量估计父母的身体健康水平对儿童学习成绩的影响。已有文献多关注受教育水平对收入、身体健康和心理健康的影响。较少研究关注父母健康对子代教育的影响。Bratti 和 Mendola（2014）研究发现，母亲身体不健康会显著增加家庭的医疗费用支出和 15 岁以上子女参加工作的概率，但是，研究忽略了父母身体不健康对子女功课辅导时间和心理健康等非经济机制的影响。Sun 和 Yao（2010）研究了中国农村地区父母身体健康状态对子代是否接受中学教育以及完成中学学业的影响，但是他们研究中使用的父母健康状态数据是凭回忆得到的，因此存在测量误差，并且他们忽略了既影响父母健康又影响子代受教育水平的不可观测的家庭背景等因素带来的内生性问题。

我们用 2016 年中国家庭追踪调查（CFPS）数据定量研究父母身体健康对 15 岁及以下处于上学阶段儿童成绩的影响。其中一个工具变量到最近医疗点的时间来源于2010年CFPS基线调查。本部分所用变量的描述统计量如表6.2所示。从理论上来看，父母身体健康水平既可以通过经济机制影响子代的成绩又可以通过非经济途径产生作用。从经济角度来看，父母身体不健康会降低子女受教育水平。第一，身体不健康父母的医疗费用支出会“挤出”对子女的教育投资。第二，身体不健康父母劳动能力的缺失需要子女参加相应的生产活动来补充。从非经济机制来看，父母身体健康状态对子代学习成绩的影响方向不是很确定。首先，身体不健康父母对子女学业辅导时间可能更长，也可能减少对其子女的陪伴时间或降低陪伴质量；其次，父母身体不健康可能会通过影响子女的精神状态进而影响子代的受教育水平；最后，子女参加家务劳动会挤占其学习时间。由于父母身体健康水平通过非经济机制影响子代学习成绩的方向无法确定，所以需要进一步通过数据实证研究父母身体健康水平对子代学习成绩的影响。

表6.2　描述性统计量

变量	均值	中位数	最小值	最大值	样本量
字词测试得分	6.131	6	0	10	1797
数学测试得分	9.083	9	0	15	1797
父母身体健康水平	2.002	2	0	4	1797
是否居住在城市	0.4018	0	0	1	1797
年龄	12.36	12	10	15	1797
性别	0.5387	1	0	1	1797
是否为少数民族	0.0122	0	0	1	1797
过去12个月看病次数	7.205	10	1	30	1797
家庭总人数	5.163	5	2	15	1797
受教育水平	2.221	2	1	7	1797
家庭人均支出对数	9.266	9.212	6.725	13.550	1797
家到最近医疗点所用时间	13.64	10	1	240	1797

续表

变量	均值	中位数	最小值	最大值	样本量
是否饮酒	0.0162	0	0	1	1797
洗手间是否可以冲水	0.3044	0	0	1	1797
做饭用水是否自来水	0.5008	1	0	1	1797
一周锻炼身体次数	1.529	0	0	14	1797
是否吸烟	0.0127	0	0	1	1797

本节中我们考虑如下的实证计量经济学模型：

$Score_i = d_i\alpha_0 + X'_i\beta_0 + \varepsilon_i$，

在这个式子中，$Score_i$ 是儿童的字词测试得分或者数学测试得分，d_i 是父母身体健康水平的有序解释变量。CFPS 数据中有关被调查者身体健康状态的一项调查为“你觉得自己的身体健康状况如何?”，被调查者可以在“非常健康”“很健康”“比较健康”“一般”“不健康”五个选项中选择。对于被调查者身体健康状态的五个选项即“非常健康、很健康、比较健康、一般、不健康”，d_i 依次被赋值为 0、1、2、3、4。X_i 是其他控制变量，包括儿童特征变量、家庭特征变量和地域变量三大类。其中，儿童特征变量包括年龄、性别、是否为少数民族、过去 12 个月看病次数；家庭特征变量包括母亲受教育水平、家庭人均支出对数、家庭总人数；地域特征变量包括是否居住在城市，居住在中部地区省份、居住在西部地区省份，并且构造了这些变量的最高 3 次方项和交互项作为控制变量。

父母身体健康水平的内生性问题主要来源于两个方面：一是容易遗漏同时影响父母身体健康水平和儿童学习成绩的家庭背景因素，如家族遗传因素和家庭观念等不可观测的变量；或者社区、村级层面的对上述两个主要关心变量起作用的因素。二是自评健康指标变量容易受个体特征影响，且非常主观，没有统一的客观标准，因此容易存在测量误差。

我们找到的潜在工具变量包括从家到最近医疗点的最短时间、垃圾是否集中处理、洗手间是否可以冲水、做饭是否使用清洁能源和水源等居住环境因素指标，以及是否抽烟、是否酗酒和是否锻炼身体等健康行为指标。首先，我们认为这些潜在工具变量的外生性是可以得到保证的，如医疗机构的位置通常是由政府规划设定的。考虑到居住环境可能通过影响儿童健康进而影响儿童学习成绩，借鉴 Mont 和 Nguyen（2013）的做法，我们在结构模型中加入了儿童"过去 12 个月看病次数"来控制儿童健康状况，并且在结构模型中控制了家庭经济水平，这样就能够很大程度上保证这些潜在工具变量的外生性。从家到最近医疗点的时间越短，意味着当父母身体不舒服时他们可以及时得到治疗，从而其身体更加健康，因此我们推断这一指标变量与父母身体健康水平正相关。Krieger 和 Higgins（2002）研究表明，居住环境越清洁，人的身体健康水平越好。有很好生活习惯如少吸烟、少喝酒、多锻炼身体的人往往身体也更加健康。

我们找到了尽可能多的外生工具变量，但是这些工具变量和父母身体健康水平之间的相关性需要进一步确认，这些工具变量中有些可能和父母身体健康指标变量无关，若用这些弱工具变量估计最优工具可能会扭曲系数的置信区间。我们提出的对弱工具变量筛选的方法可以很好地解决上面提到的这个问题。

我们考虑的约简形模型是：

$$d_i=\begin{cases}0 & -\infty<d_i^{\circ}\leqslant\mu_0\\ 1 & \mu_0<d_i^{\circ}\leqslant\mu_1\\ 2 & \mu_1<d_i^{\circ}\leqslant\mu_2\\ 3 & \mu_2<d_i^{\circ}\leqslant\mu_3\\ 4 & \mu_3<d_i^{\circ}<\infty\end{cases}$$

其中，潜变量 $d_i^{\circ}=\delta_0+Z'_i\gamma_0+v_i$，$Z_i$ 是工具变量。

Lasso 选择的工具变量为从家到最近医疗点的时间，双选法得到的额外控制变量为家庭总人数。

表 6.3 展示了回归结果。由于父母身体健康水平变量是内生性的，OLS 估计量是有偏的和不一致的。2SLS 是使用了包含弱工具变量的工具变量集而得到的两阶段最小二乘估计量。Post-Lasso 是忽略了父母身体健康水平的有序属性，用 Lasso 剔除弱工具变量后得到的两阶段最小二乘估计量。POIVE 是用 Lasso 筛选的工具变量估计父母身体健康水平最优工具变量进而得到的估计量。DS-POIVE 是本章提出的估计量。DS 估计量是忽略了父母身体健康水平的内生性问题，用双选方法筛选控制变量后得到的估计量。在估计父母身体健康水平对儿童字词测试得分的影响时，我们提出的方法 DS-POIVE 得到的父母身体健康水平系数估计量的 t 值为-3.210，POIVE 得到的父母身体健康水平系数估计量的 t 值为-2.717，DS 得到的父母身体健康水平系数估计量的 t 值-2.312，Post-Lasso 得到的父母身体健康水平系数估计量的 t 值为-2.435，2SLS 得到的父母身体健康水平系数估计量的 t 值为 0.645，OLS 得到的父母身体健康水平系数估计量的 t 值为 0.726。在估计父母身体健康水平对儿童数学测试得分的影响时，我们提出的方法 DS-POIVE 得到的父母身体健康水平系数估计量的 t 值为-3.522，POIVE 得到的父母身体健康水平系数估计量的 t 值为-2.673，Post-Lasso 得到的父母身体健康水平系数估计量的 t 值为-2.003，DS 得到父母身体健康水平系数估计量的 t 值-0.786，2SLS 得到的父母身体健康水平系数估计量的 t 值为-1.487，OLS 得到的父母身体健康水平系数估计量的 t 值为-0.544。无论是估计父母身体健康水平对儿童字词测试得分的影响还是估计父母身体健康状态对儿童数学测试得分的影响，我们的方法 DS-POIVE 所得到的系数估计量 t 值的绝对值都是最大的，原因是与 DS 相比，DS-POIVE 解决了父母身体健康水平的内生性问题；与 Post-Lasso 相比，我们的方法 DS-POIVE 考

虑到了父母身体健康水平的有序属性，因此可以得到这个内生有序变量最优工具变量的较好估计量，并且用双选方法筛选得到了额外重要的控制变量；与2SLS相比，我们的方法DS-POIVE在剔除了弱工具变量后得到了内生有序变量父母身体健康水平最优工具变量的较好估计量；OLS忽略了父母身体健康水平的内生性问题。

表6.3　父母身体健康水平对儿童字词测试得分和数学测试得分的影响

变量	字词测试得分		数学测试得分	
	系数	标准误	系数	标准误
OLS	0.0440	0.0606	-0.0404	0.0743
TSLS	0.1115	0.1727	-0.3203	0.2153
DS	-0.0752**	0.0325	-0.0566	0.0720
Post-Lasso	-1.8641**	0.7655	-3.3940**	1.6946
POIVE	-2.2826***	0.8401	-2.8123**	1.2940
DS-POIVE	-1.2012***	0.3742	-1.3530***	0.3841

注：***、**、*分别表示0.01、0.05和0.1的显著水平。

6.6　结论

存在大量潜在工具变量和控制变量时，本章提出了估计内生有序变量系数的DS-POIVE估计量。DS-POIVE方法的优势在于考虑了内生变量的有序属性，提出用比例优势模型估计内生有序变量的最优工具变量，同时，用双选法筛选得到合适的控制变量，双选法避免了单选法不完美模型选择带来的遗漏变量问题。为了丰富本部分的研究，后续工作可以考虑控制变量和工具变量的非线性问题，以及稀疏假设不成立时，控制变量和工具变量的降维问题。

6.7 本章附录

引理 6.7.1：设 x_{ij} 是独立同分布且均值为 0 的随机变量，则我们有：

$$P(\max_{1\leqslant j\leqslant m} | S_j | > \Phi^{-1}(1-\gamma/2m)) \leqslant \gamma(1+A/\iota_n^3) \tag{6.7}$$

其中，$S_j = \dfrac{\sum_{i=1}^{n} x_{ij}}{\sqrt{\sum_{i=1}^{n} x_{ij}^2}}$，$\Phi(\cdot)$是标准正态分布的累积分布函数，A 是一个正常数，$\iota_n>0$，$0\leqslant \Phi^{-1}(1-\gamma/2m) \leqslant \dfrac{n^{1/6}}{\iota_n}\min_{1\leqslant j\leqslant m} M_j^2-1$，$M_j = \dfrac{E^{1/2}(x_{ij}^2)}{E^{1/3}(x_{ij}^3)}$。

该引理来源于 Jing 等（2003），也出现在 Belloni 等（2012，2014）。

引理 6.7.2：若假设（C）成立，则

$$\| X'\nu/\sqrt{n} \|_\infty = O_p(\sqrt{\log(m \vee n)}) \tag{6.8}$$

证明引理 6.7.2：存在 ι_n 很缓慢趋于∞，$1/\gamma = \iota_n \leqslant C\log(n)$，我们有：

$$\max_{1\leqslant j\leqslant m} \left| \frac{n^{-1/2}\sum_{i=1}^{n} x_{ij}\nu_i}{\sqrt{1/n\sum_{i=1}^{n} x_{ij}^2\nu_i^2}} \right| \leqslant \Phi^{-1}\left(1-\frac{1}{2\iota_n m}\right) \leqslant C_1\sqrt{2\log(2\iota_n m)}$$

$$\leqslant C_2\sqrt{\log(m \vee n)}$$

如果下面不等式（6.9）表示的条件成立，由引理 6.7.1 可得第一个不等号：

$$\Phi^{-1}(1-/(2\iota_n m))\leqslant\frac{n^{1/6}}{\iota_n}\min_{1\leqslant j\leqslant m}M_j^2-1,\ M_j=\frac{E^{1/2}(x_{ij}^2\upsilon_i^2)}{E^{1/3}(x_{ij}^3\upsilon_i^3)}\tag{6.9}$$

由假设（C）log（m）$/n^{1/3}\to 0$ 和 $\min_{1\leqslant j\leqslant m}M_j\geqslant c$，可得式（6.9）成立。

由假设（C）得：

$$\max_{1\leqslant j\leqslant m}\sqrt{\frac{1}{n}\sum_{i=1}^{n}x_{ij}^2\upsilon_i^2}\leqslant O_p(1)$$

因此，我们得引理 6.7.2。

证明定理 6.3.1：首先，我们给出内生有序变量最优工具变量估计量收敛速率的证明过程：

为了下文表述方便，我们标记 $W_i=(1,\ X'_i,\ Z'_i)'$，$\theta_j=(\mu_j,\ \delta'_0,\ \gamma'_0)'$，$s=\|\theta_j\|_0$，$\hat{I}_W=\{k:\ \hat{\delta}_k\neq 0,\ \hat{\gamma}_k\neq 0,\ k=1,\ \cdots,\ p+q\}$，$I_W=\{k:\ \delta_{k0}\neq 0,\ \gamma_{k0}\neq 0,\ k=1,\ \cdots,\ p+q\}$

$$\begin{aligned}\hat{d}_i-d_i^* &=0\cdot F(W'_i\hat{\theta}_0)+[F(W'_i\hat{\theta}_1)-F(W'_i\hat{\theta}_0)]+\cdots+J\cdot[1-F(W'_i\hat{\theta}_{J-1})]-\\&\quad\{0\cdot F(W'_i\theta_0)+[F(W'_i\theta_1)-F(W'_i\theta_0)]+\cdots+J\cdot[1-F(W'_i\theta_{J-1})]\}\\&=F(W'_i\theta_0)-F(W'_i\hat{\theta}_0)+\cdots+F(W'_i\theta_{J-1})-F(W'_i\hat{\theta}_{J-1})\\&=f(W'_i\bar{\theta}_0)(W'_i\theta_0-W'_i\hat{\theta}_0)+\cdots+f(W'_i\bar{\theta}_{J-1})(W'_i\theta_{J-1}-W'_i\hat{\theta}_{J-1})\\&\leqslant\max_{0\leqslant j\leqslant J-1}Jf(W'_i\bar{\theta}_j)(W'_i\theta_j-W'_i\hat{\theta}_j)\\&\leqslant C\max_{0\leqslant j\leqslant J-1}(W'_i\theta_j-W'_i\hat{\theta}_j)\end{aligned}\tag{6.10}$$

由中值定理得第三个等式成立，其中，$W'_i\bar{\theta}_j=tW'_i\hat{\theta}_j+(1-t)W'_i\theta_j$，$0\leqslant t\leqslant 1$，$j=0$，$\cdots$，$J-1$，$f(W'_i\bar{\theta})=\dfrac{\partial F(W'_i\bar{\theta})}{\partial(W'_i\bar{\theta})}$，由于正态分布的密度函数和 Logistic 分布的密度函数是有界的，我们得最后一个不等号成立，其中 $C>0$ 是一个充分大的常数。由上式我们得：

$$\frac{(\hat{D}-D^*)'(\hat{D}-D^*)}{n}$$

$$\leqslant C\max_{0\leqslant j\leqslant J-1}\frac{\sum_{i=1}^{n}(W'_i\theta_j - W'_i\hat{\theta}_j)^2}{n}$$

$$=O_p\left(\frac{\phi_{\max}(s)}{n}\right) \tag{6.11}$$

最后一个等号由下面式（6.13）得出。

$$\frac{\sum_{i=1}^{n}[W'_{\hat{I}_W\cap I_W i}(\hat{\theta}_j-\theta_j)]^2}{n}$$

$$\leqslant \phi_{\max}(\hat{s})\cdot(\hat{\theta}_j-\theta_j)'(\hat{\theta}_j-\theta_j)+o_p(1)$$

$$=O_p\left(\frac{\phi_{\max}(s)}{n}\right) \tag{6.12}$$

由稀疏特征值假设（A）可得不等号成立，由 Lasso 的变量选择一致性 $P(\hat{I}=I_0)\to 1$（Jiao，2016）和比例优势模型系数极大似然估计量的收敛速率（Alan，2010）得第一个等号成立。

对任意的$\delta>0$，我们有：

$$P\left(\frac{\sum_{i=1}^{n}(W'_i\hat{\theta}_j - W'_i\theta_j)^2}{n}>\delta\right)$$

$$\leqslant P\left(\frac{\sum_{i=1}^{n}[W'_{\hat{I}_W\cap I_W i}(\hat{\theta}_j-\theta_j)]^2}{n}>\frac{\delta}{3}\right)+P\left(\frac{\sum_{i=1}^{n}(W'_{\hat{I}_W\cap I^c_W i}\hat{\theta}_j)^2}{n}>\frac{\delta}{3}\right)+P\left(\frac{\sum_{i=1}^{n}(W'_{\hat{I}^c_W\cap I_W i}\theta_j)^2}{n}>\frac{\delta}{3}\right)$$

$$\to 0 \tag{6.13}$$

由式（6.12）得第一项趋于 0，由 Lasso 的变量选择一致性（Jiao，2016）得第二项和第三项趋于 0。

接下来，我们给出内生有序变量系数的 DS-POIVE 估计量的大样本性质证明过程。

$$\hat{\alpha}=(\hat{D}'M_{\hat{I}}D)^{-1}\hat{D}'M_{\hat{I}}Y$$

$$=(\hat{D}'M_{\hat{I}}D)^{-1}\hat{D}'M_{\hat{I}}(D\alpha_0+X\beta_0+\varepsilon)$$

$$=\alpha_0+(\hat{D}'M_{\hat{I}}D)^{-1}\hat{D}'M_{\hat{I}}(X\beta_0+\varepsilon)$$

整理得:

$$\sqrt{n}(\hat{\alpha}-\alpha_0)=\left(\frac{\hat{D}'M_{\hat{I}}D}{n}\right)^{-1}\cdot\frac{\hat{D}'M_{\hat{I}}(X\beta_0+\varepsilon)}{\sqrt{n}}$$

$$=:I_1^{-1}\cdot I_2$$

下面我们处理 I_1 项:

$$I_1=\frac{\hat{D}'M_{\hat{I}}D}{n}=\frac{(\hat{D}-D^*+D^*)'M_{\hat{I}}(D^*+\nu)}{n}$$

$$=\frac{D^{*\prime}M_ID^*}{n}+\frac{(\hat{D}-D^*)'M_{\hat{I}}D^*}{n}+\frac{(\hat{D}-D^*)'M_{\hat{I}}\nu}{n}+\frac{D^{*\prime}M_{\hat{I}}\nu}{n}+\frac{D^{*\prime}(M_{\hat{I}}-M_I)D^*}{n}$$

$$=\frac{D^{*\prime}M_ID^*}{n}+I_{11}+I_{12}+I_{13}+I_{14}$$

定义$\varsigma=\hat{D}-D^*$,

$$I_{11}=\frac{(\hat{D}-D^*)'M_{\hat{I}}D^*}{n}=\frac{(\hat{D}-D^*)'D^*}{n}-\frac{\varsigma'P_{\hat{I}}D^*}{n}$$

$$=o_p(1)+O_p\left(\frac{s\phi_{\min}^{-1}(s)\sqrt{\log(s)}}{\sqrt{n}}\right)=o_p(1)$$

其中,由 $\hat{d}_i$, $d_i^*\in[0, J]$得$\frac{(\hat{D}-D^*)'D^*}{n}=o_p(1)$

$$\frac{\varsigma'P_{\hat{I}}D^*}{n}=\frac{\hat{\theta}'_{\varsigma}X'_{\hat{I}}D^*}{n}=\|\hat{\theta}_{\varsigma}\|_1\left\|\frac{X'_{\hat{I}}D^*}{n}\right\|_{\infty}\leqslant O_p\left(\frac{s\phi_{\min}^{-1}(s)\sqrt{\log(s)}}{\sqrt{n}}\right)$$

由假设(D)和式(6.14)得最后一个不等号成立。

$$\|\hat{\theta}_{\varsigma}\|_1=\left|\left(\frac{X'_{\hat{I}}X_{\hat{I}}}{n}\right)^{-1}\frac{X'_{\hat{I}}\varsigma}{n}\right|_1\leqslant\frac{1}{\sqrt{n}}\phi_{\min}^{-1}(\hat{s})\hat{s}\left|\frac{X'_{\hat{I}}\varsigma}{\sqrt{n}}\right|_{\infty}=O_p\left(\frac{s\phi_{\min}^{-1}(s)\sqrt{\log(s)}}{\sqrt{n}}\right) \tag{6.14}$$

由稀疏特征值假设（A）得第一个不等号成立，由引理 6.7.2 得最后一个等号成立。

下面我们处理 I_{12} 项：

$$\begin{aligned}
I_{12}&=\frac{(\hat{D}-D^*)'M_{\hat{I}}\nu}{n}\\
&=\frac{(\hat{D}-D^*)'\nu}{n}-\frac{\varsigma'P_{\hat{I}}\nu}{n}\\
&\leqslant\sqrt{\frac{\sum_{i=1}^{n}(\hat{d}_i-d_i^*)^2}{n}}\sqrt{\frac{\sum_{i=1}^{n}\nu_i^2}{n}}-\frac{\hat{\theta}'_{\varsigma}X'_{\hat{I}}\nu}{n}\\
&\leqslant\sqrt{\frac{\sum_{i=1}^{n}(\hat{d}_i-d_i^*)^2}{n}}\sqrt{\frac{\sum_{i=1}^{n}\nu_i^2}{n}}-\frac{1}{\sqrt{n}}\|\hat{\theta}_{\varsigma}\|_1\left\|\frac{X'_{\hat{I}}\nu}{\sqrt{n}}\right\|_{\infty}\\
&=o_p(1)\sqrt{E(\nu_i^2)}-\frac{1}{\sqrt{n}}O_p\left(\frac{s\phi_{\min}^{-1}(s)\sqrt{\log(s)}}{\sqrt{n}}\right)O_p(\sqrt{\log(\hat{s})})\\
&=o_p(1)
\end{aligned}$$

其中，由柯西施瓦兹不等式得第一个不等号成立，由式（6.11）、弱大数定理、引理 6.7.2 和式（6.14）得第三个等号成立。

$$\begin{aligned}
I_{13}&=\frac{D^{*\prime}M_{\hat{I}}\nu}{n}=\frac{D^{*\prime}\nu}{n}-\frac{D^{*\prime}X_{\hat{I}}(X'_{\hat{I}}X_{\hat{I}}/n)^{-1}X'_{\hat{I}}\nu}{n^2}\\
&\leqslant\frac{1}{\sqrt{n}}\phi_{\min}^{-1}(\hat{s})\left|\frac{D^{*\prime}X_{\hat{I}}}{n}\right|_1\left|\frac{X'_{\hat{I}}\nu}{\sqrt{n}}\right|_{\infty}+o_p(1)\\
&\leqslant\frac{1}{\sqrt{n}}\phi_{\min}^{-1}(\hat{s})\hat{s}\left|\frac{D^{*\prime}X_{\hat{I}}}{n}\right|_{\infty}\left|\frac{X'_{\hat{I}}\nu}{\sqrt{n}}\right|_{\infty}+o_p(1)
\end{aligned}$$

$$=O_p\left(\frac{\phi_{\min}^{-1}(\hat{s})\hat{s}\sqrt{\log(\hat{s})}}{\sqrt{n}}\right)=o_p(1)$$

为了处理 I_{14} 项，我们假设 $\|M_{\hat{I}}-M_I\|_\infty$ 总是存在的。$M_{\hat{I}}-M_I$ 的最大值在它的第 $(k,\ l)$ 个元素处取到，标记为 m_Δ。由 $M_{\hat{I}}-M_I=P_I-P_{\hat{I}}$，我们有 $m_\Delta=\sum_{j\in I}\sum_{i\in I}x_{ki}A_{ij}x_{lj}-\sum_{j\in\hat{I}}\sum_{i\in\hat{I}}x_{ki}\tilde{A}_{ij}x_{lj}$，其中 $A=(X'_I X_I)^{-1}$ 和 $\tilde{A}=(X'_{\hat{I}}X_{\hat{I}})^{-1}$。对于任何 $\delta>0$，我们有：

$$
\begin{aligned}
P(|m_\Delta|>\delta)&=P\left(\left|\sum_{j\in I}\sum_{i\in I}x_{ki}A_{ij}x_{ij}-\sum_{j\in\hat{I}}\sum_{i\in\hat{I}}x_{ki}\tilde{A}_{ij}x_{ij}\right|>\delta\right)\\
&\leqslant P\left(\left|\sum_{i,\ j\in I\cap\hat{I}}(x_{ki}A_{ij}x_{ij}-x_{ki}\tilde{A}_{ij}x_{ij})\right|>\delta/3\right)+\\
&\quad P\left(\left|\sum_{i,\ j\in I\cap\hat{I}^c}(x_{ki}A_{ij}x_{ij}-x_{ki}\tilde{A}_{ij}x_{ij})\right|>\delta/3\right)+\\
&\quad P\left(\left|\sum_{i,\ j\in I^c\cap\hat{I}}(x_{ki}A_{ij}x_{ij}-x_{ki}\tilde{A}_{ij}x_{ij})\right|>\delta/3\right)\\
&\to 0
\end{aligned}
\tag{6.15}
$$

其中，由于 $A_{ij}=\tilde{A}_{ij}$，$i,\ j\in I\cap\hat{I}$，第一项依概率 0 发生。由于变量选择一致性即 $p(\hat{I}=I)\to 1$，后两项趋近 0。因此，$m_\Delta=o_p(1)$。由假设（D），我们得：

$$I_{14}=\frac{D^{*\prime}(M_{\hat{I}}-M_I)D^*}{n}\leqslant\frac{D^{*\prime}D^*}{n}o_p(1)=o_p(1)$$

因此，我们得：

$$I_1=\frac{D^{*\prime}M_I D^*}{n}+o_p(1)$$

下面我们处理 I_2 项，

$$I_2=\frac{\hat{D}'M_{\hat{I}}(X\beta_0+\varepsilon)}{\sqrt{n}}=\frac{(\hat{D}-D^*+D^*)'M_{\hat{I}}(X\beta_0+\varepsilon)}{\sqrt{n}}$$

$$=\frac{D^{*\prime}M_I\varepsilon}{\sqrt{n}}+\frac{(\hat{D}-D^*)'M_{\hat{I}}X\beta_0}{\sqrt{n}}+\frac{(\hat{D}-D^*)'M_{\hat{I}}\varepsilon}{\sqrt{n}}+\frac{D^{*\prime}M_{\hat{I}}X\beta_0}{\sqrt{n}}+\frac{D^{*\prime}(M_{\hat{I}}-M_I)\varepsilon}{\sqrt{n}}$$

$$=\frac{D^{*\prime}M_I\varepsilon}{\sqrt{n}}+I_{21}+I_{22}+I_{23}+I_{24}$$

接下来，

$$\|M_{\hat{I}}D^*\|=\|D^*-P_{\hat{I}}D^*\|=O_p(1)$$

由于 $D^*\in[0,J]$，所以我们仅关注

$$\begin{aligned}\|P_{\hat{I}}D^*\|&=\|X_{\hat{I}}(X'_{\hat{I}}X_{\hat{I}})^{-1}X'_{\hat{I}}D^*\|\\&\leqslant\|X_{\hat{I}}(X'_{\hat{I}}X_{\hat{I}}/n)^{-1}X'_{\hat{I}}X_{\hat{I}}/n(X'_{\hat{I}}X_{\hat{I}}/n)^{-1}X'_{\hat{I}}/n\|\cdot\|D^*\|\\&\leqslant C\phi_{\min}^{-2}(\hat{s})\|D^*\|\\&=O_p(1)\end{aligned}$$

其中，由柯西施瓦兹不等式得第一个不等号成立，由稀疏特征值假设（A）得第二个不等号成立。

对于一向量 $z\in R^n$，我们定义 $\hat{\beta}_z(A)=\arg\min_{\beta\in R^p}\|z-X\beta\|^2$，$\beta_j=0$，$\forall j\notin A$。

$$\begin{aligned}&\|M_{\hat{I}}X\beta_0/\sqrt{n}\|-\|M_{\hat{I}}\alpha_0D^*/\sqrt{n}\|\\&\leqslant\|M_{\hat{I}}(\alpha_0D^*+X\beta_0)/\sqrt{n}\|\\&\leqslant\|M_{\hat{I}_1}(\alpha_0D^*+X\beta_0)/\sqrt{n}\|\\&\leqslant\|(\alpha_0D^*+X\beta_0-P_{\hat{I}_1}(\alpha_0D^*+X\beta_0))/\sqrt{n}\|\\&\leqslant\|(X\beta_Y(\hat{I}_1)-\alpha_0D^*-X\beta_0)/\sqrt{n}\|\\&=O_p\left(\sqrt{\frac{s\log(p\vee n)}{n}}\right)\end{aligned}$$

其中，由 Post-Lasso 估计量性质（Belloni 和 Chernozhukov，2013）得最后一个等号成立。这意味着：

$$\|M_{\hat{I}}X\beta_0/\sqrt{n}\|=O_p\left(\sqrt{\frac{s\log(p\vee n)}{n}}\right)\tag{6.16}$$

$$I_{21}=\frac{(\hat{D}-D^*)'M_{\hat{I}}X\beta_0}{\sqrt{n}}$$

$$\leqslant \|\hat{D}-D^*\| \cdot \left|\frac{M_{\hat{I}}X\beta_0}{\sqrt{n}}\right|$$

$$\leqslant O_p(1)O_p\left(\sqrt{\frac{s\log(p\vee n)}{n}}\right)=o_p(1)$$

其中，由柯西施瓦兹不等式得第一个不等号成立，由 $\hat{d}_i$，$d_i^* \in [0, J]$ 和式（6.16）得第二个不等号成立。

$$I_{22}=\frac{(\hat{D}-D^*)'M_{\hat{I}}\varepsilon}{\sqrt{n}}=\frac{(\hat{D}-D^*)'\varepsilon}{\sqrt{n}}-\frac{\varsigma' P_{\hat{I}}\varepsilon}{\sqrt{n}}$$

$$\leqslant o_p(1)-\frac{\hat{\theta}'_{\varsigma} X'_{\hat{I}}\varepsilon}{\sqrt{n}}$$

$$\leqslant o_p(1)-\|\hat{\theta}_{\xi}\|_1\left|\frac{X'_{\hat{I}}\varepsilon}{\sqrt{n}}\right|_{\infty}$$

$$\leqslant o_p(1)+O_p\left(\frac{s\phi_{\min}^{-1}(s)\sqrt{\log(s)}}{\sqrt{n}}\right)O_p(\sqrt{\log(\hat{s})})$$

$$=o_p(1)$$

其中，由下式得第一个不等号成立，由式（6.14）和引理 6.7.2 得最后一个不等号成立。

$$P\left(\frac{(\hat{D}-D^*)'\varepsilon}{\sqrt{n}}>\delta\right)\leqslant P\left(C\max_{0\leqslant j\leqslant J-1}\frac{\sum_{i=1}^{n}(W'_i\hat{\theta}_j-W'_i\theta_j)\varepsilon_i}{\sqrt{n}}>\delta\right)$$

$$\leqslant P\left(C\max_{0\leqslant j\leqslant J-1}\frac{\sum_{i=1}^{n}W'_{\hat{I}_W\cap I_W i}(\hat{\theta}_j-\theta_j)\varepsilon_i}{\sqrt{n}}>\frac{\delta}{3}\right)+$$

$$P\left(C\max_{0\leqslant j\leqslant J-1}\frac{\sum_{i=1}^{n}W'_{\hat{I}_W\cap I^c_W i}\hat{\theta}_j\varepsilon_i}{\sqrt{n}}>\frac{\delta}{3}\right)+$$

$$P\left(-C\max_{0\leqslant j\leqslant J-1}\frac{\sum_{i=1}^{n}W'_{\hat{I}_W^c\cap I_W i}\theta_j\varepsilon_i}{\sqrt{n}}>\frac{\delta}{3}\right)$$

$$\to 0$$

其中，由式（6.10）得第一个不等号成立，由下式得第一项→0，由 Jiao（2016）中 Lasso 的变量选择一致性得第二项和第三项→0。

$$\frac{\sum_{i=1}^{n}W'_{\hat{I}_W\cap I_w i}(\hat{\theta}_j-\theta_j)\varepsilon_i}{\sqrt{n}}$$

$$\leqslant\|\hat{\theta}_j-\theta_j\|_1\cdot\left|\frac{W'_{\hat{I}_W\cap I_W}\varepsilon}{\sqrt{n}}\right|_{\infty}$$

$$\leqslant\hat{s}O_p\left(\sqrt{\frac{s}{n}}\right)\sqrt{\log(\hat{s})}$$

由 Alan（2010）的 $\|\theta_j-\hat{\theta}_j\|_2=O_p\left(\sqrt{\frac{s}{n}}\right)$ 和引理 6.7.2 得最后一个不等号成立。接下来，

$$I_{23}=\frac{D^{*\prime}M_{\hat{I}}X\beta_0}{\sqrt{n}}\leqslant\|D^*\|\cdot\left|\frac{M_{\hat{I}}X\beta_0}{\sqrt{n}}\right|\leqslant O_p\left(\sqrt{\frac{s\log(p\vee n)}{n}}\right)=o_p(1)$$

其中，由 $D_i^*\in[0,\ J]$ 和式（6.16）得最后一个不等号成立。

$$I_{24}=\frac{D^{*\prime}(M_{\hat{I}}-M_I)\varepsilon}{\sqrt{n}}\leqslant\frac{D^{*\prime}\varepsilon}{\sqrt{n}}o_p(1)=o_p(1)$$

其中，由式（6.15）得第一个不等号成立，由弱大数定理得最后一个等号成立。因此，我们得：

$$I_2=\frac{D^{*\prime}M_I\varepsilon}{\sqrt{n}}+o_p(1)$$

$$\sqrt{n}(\hat{\alpha}-\alpha_0)=\left(\frac{D^{*\prime}M_ID^*}{n}+o_p(1)\right)^{-1}\left(\frac{D^{*\prime}M_I\varepsilon}{\sqrt{n}}+o_p(1)\right)$$

由弱大数定理得 $n^{-1}D^{*\prime}M_ID^{*}=E(n^{-1}D^{*\prime}M_ID^{*})+o_p(1)$，$\sum_{i=1}^{n}d_i^{*}M_{I(i,j)}\varepsilon_j$ 是独立同分布的均值为 0，方差为 $\sigma^2=E(n^{-1}D^{*\prime}M_I\varepsilon\varepsilon'M_ID^{*})$，由中心极限定理和 Slutsky 定理得：

$$\sigma_n^{-1}\sqrt{n}(\hat{\alpha}-\alpha_0)\xrightarrow{d}N(0,1)。$$

条件同方差时，我们有 $\sigma_n^2=(E(n^{-1}D^{*\prime}M_ID^{*}))^{-1}\sigma_\varepsilon^2$，$Var(\varepsilon_i\mid X_i)=\sigma_\varepsilon^2$。

7 结论与研究展望

7.1 结论

实证经济学家在关注政策变量对目标变量的因果效应时，处理效应变量的内生性问题常常发生。而用工具变量法解决处理效应变量的内生性问题时经常受到弱工具变量的困扰，而且大量潜在工具变量的独立性和排他性约束也需要确保成立。鉴于此，本书提出用工具变量法解决处理效应变量的内生性问题；给定许多控制变量，工具变量满足独立性和排他性约束时，用双选法来筛选出合适的控制变量。本书研究的主要结论可以概括为以下几点：

首先，对于一个含有许多控制变量的内生处理效应模型，我们提出用大量工具变量来解决处理效应变量的内生性问题，变量选择方法可被用来剔除弱工具变量；给定许多控制变量，工具变量满足独立性和排他性约束时，我们用双选法筛选出合适的控制变量，从而有效解决了单选法的不完美模型选择遗漏重要的控制变量问题。应用第 3 章提出的 DS-IV 方法实证发现，受理上诉法庭保护私有土地权益的判决对房价有显著正向影响。

其次，对于一个含有许多控制变量的二元内生处理效应模型，我们提出用 Logistic 约简形模型估计二元内生处理效应变量的最优工具变量，变量选择方法可被用来剔除弱工具变量，同时 Logistic 约简形模型很好地刻画了二元内生处理效应变量最优工具变量的二元属性；给定许多潜在控制变量，工具变量满足独立性和排他性约束时，双选方法被用来筛选得到重要的控制变量。应用第 4 章提出的 DS-LIVE 方法发现了更有力的证据支持家访对学生成绩的正向作用。

再次，对于一个含有许多控制变量的二元内生处理效应模型，为了较好地近似二元内生处理效应变量的最优工具变量，我们提出用 Logistic 可加约简形模型估计二元内生处理效应变量的最优工具变量，变量选择方法被用来剔除弱工具变量；给定许多潜在控制变量，工具变量满足独立性和排他性约束时，双选方法被用来筛选得到重要的控制变量。应用第 5 章提出的 DS-LAIVE 方法实证发现，身体不健康状态对收入有显著负向作用。

最后，为了得到内生有序变量的系数估计量，我们用比例优势约简形模型估计内生有序变量的最优工具变量，用 Lasso 剔除弱工具变量。给定大量潜在控制变量，工具变量满足独立性和排他性约束时，双选法被用来从大量潜在控制变量中筛选出合适的控制变量。应用第 6 章提出的 DS-POIVE 方法发现了更有力的证据支持父母身体不健康状态对儿童字词测试得分和数学测试得分的显著负向影响。

本书提出的 4 个估计量各有其适用的情形。给定大量潜在控制变量，工具变量满足独立性和排他性约束时，本书提出了用许多潜在工具变量估计连续型内生处理效应变量最优工具变量的 DS-IV 方法。当内生处理效应变量是二元的，本书提出了二元内生处理效应的 DS-LIVE 估计量，相较于其他估计量，DS-LIVE 的方差更小。然后，本书提出了一种非参方式即 Logistic 可加模型来更好地近似二元内生处理效应变量的最优工具变量，由此得到二元内生处理效应的 DS-LAIVE 估计量，数值模拟显示，相较于 DS-LIVE，DS-LAIVE 估计量的均方误更小。当感兴趣的变量是内生有序的，本书提出的 DS-POIVE 估计量表现最好。

7.2 研究展望

由于笔者研究水平有限再加上文献阅读和积累不足，本书存在许多有待改进和完善的地方。未来，本书将会按照以下几个方面进行拓展：

考虑到大数据时代宏观与金融时间序列数据和面板数据中变量之间容易呈现出时变等复杂特征以及用于解决内生性问题的工具变量维度很大或是弱工具变量等问题，本书将进一步提出如下时变系数模型的三种工具变量估计和推断方法，并且用这些方法进行实证研究。

本书将进一步围绕时变系数模型的工具变量估计、推断和应用问题展开。首先，提出时变系数的高维工具变量估计和推断方法，并应用该方法估计菲利普斯曲线。其次，提出用时变权重的模型平均方法处理弱工具变量，得到时变系数的相合估计，并应用该方法估计 Campbell 和 Mankiw 消费函数。最后，提出带有交互固定效应的时变系数面板模型的工具变量估计方法，并应用该方法估计 Fama-French 五因子模型。

进一步的研究内容主要包括以下三个部分：

研究内容一：高维时变工具变量估计量。

在这部分，我们考虑如下带有时变系数的结构模型：

$$y_t = x'_t \beta_t + u_t \tag{7.1}$$

其中，y_t 是被解释变量，x_t 是 $p\times1$ 维的解释变量，β_t 是 $p\times1$ 维的时变参数向量，u_t 是随机扰动项，$t=1, 2, \cdots, T$。不失一般性地，假设前 d 个变量 $\{x_{t\iota}, \iota=1, 2, \cdots, d\}$ 是内生的，即 $E(u_t \mid x_{t\iota}) \neq 0$。

为了提高工具变量估计量的精确性，许多潜在工具变量，包括内生变量的大量滞后项，可被用于估计最优工具变量，鉴于此，本部分允许潜在工具变量是高维的，标记为 $z_t=(z_{t1}, \cdots, z_{tn})'$。Belloni 等（2012）提出了用高维工具变量估计内生变量系数的 Post-Lasso 方法。Fan 和 Zhong（2018）提出用适应性组套索（Adaptive Group Lasso）筛选工具变量。Kueck 等（2021）提出了一个新的提升方法（Post 或 Orthogonal L_2-boosting）来对高维工具变量进行模型选择。但是，上述高维工具变量估计方法的表现依赖于变量之间的关系不随时间推移而变化的假设。忽略变量之间关系的时变特征，将造成估计量是有偏的或不相合的。本部分允许内生变量与工具变量之间的关系是时变的：

$$x_{t\iota} = z'_t \psi_{t\iota} + v_{t\iota}, \quad \iota=1, 2, \cdots, d \tag{7.2}$$

其中，工具变量满足 $E(v_{t\iota} \mid z_t)=0$ 和 $E(u_t \mid z_t)=0$。潜在工具变量维度 n 可以很大。$\psi_{t\iota}$ 是 $n\times1$ 维的时变参数。Giraitis 等（2021）提出了一个时变工具变量估计方法。但是，Giraitis 等（2021）无法处理潜在工具变量维度很高的问题。在高维工具变量满足稀疏假设下，该部分采用带 l_1 惩罚项的局部最小二乘目标函数估计最优工具变量：

$$L(\psi_\iota; \lambda) = \frac{1}{2}\sum_{j=1}^{T} (x_{j\iota} - z'_j \psi_\iota)^2 K\left(\frac{|j-t|}{h_1}\right) + \lambda \|\psi_\iota\|_1$$

其中，$K(\cdot)$ 是核函数，λ 是调节参数。通过最小化 $L(\psi_\iota; \lambda)$，得 $\hat{\psi}_{t\iota} = arg\ \min_{\psi_\iota} L(\psi_\iota; \lambda)$，内生变量 $x_{t\iota}$ 的工具变量估计为 $\hat{x}_{t\iota} = z'_t \hat{\psi}_{t\iota}$，用 $\hat{x}_t = (\hat{x}_{t1}, \cdots, \hat{x}_{td}, x_{td+1}, \cdots, x_{tp})'$ 代替式(7.1)中的 x_t。接下来，对式(7.1)的时

变系数一阶泰勒展开后，通过最小化加权残差平方和，得到 β_t 的局部线性估计量。

然后，我们将在一定假设下推导出上述 β_t 估计量的大样本性质。采用自回归 Sieve 自助法对时变系数进行统计推断（Friedrich 和 Lin，2022）。该方法用误差项的自回归过程描述时间序列数据的序列相关性，通过中心化的拟合残差进行重抽样。应用上述方法估计菲利普斯曲线，用通货膨胀变化 $\Delta\pi$ 作为被解释变量，失业变化 Δu 与通货膨胀变化的滞后项为解释变量。潜在工具变量为失业变化的大量滞后项与通货膨胀变化的大量滞后项。

研究内容二：时变模型平均工具变量估计量。

在这部分，我们考虑与式（7.1）相同的带有内生变量的时变系数结构模型，工具变量约简形模型如式（7.2）所示。区别于上一部分假设工具变量满足稀疏性，本部分允许一些工具变量是弱工具变量，即一些工具变量与内生变量微弱相关，另一些工具变量与内生变量强相关。弱工具变量的使用会严重影响参数估计和推断的可靠性（Nelson 和 Startz，1990）。

模型平均方法常被用于处理弱工具变量。Kuersteiner 和 Okui（2010）提出通过一系列嵌套模型的加权平均来构造最优工具变量。用模型平均方法处理弱工具变量的文献还有很多（Koop，Leon-Gonzalez 和 Strachan，2012；Martins 和 Gabriel，2014；Burgess 等，2018）。Seng 和 li（2021）提出用模型平均方法处理弱工具变量问题。但是，上述文献均假设模型结构不随时间变化。若变量之间关系呈现时变特征，上述文献提出的模型平均工具变量估计量将是有偏的或不相合的。Giraitis 等（2021）提出了一个时变工具变量估计方法，若工具变量与内生变量微弱相关，则他们提出的工具变量估计量将是不可靠的。鉴于此，本部分提出如下用时变模型平均方法处理弱工具变量进而估计感兴趣时变系数的两阶段估计方法，即先用一系列候选模型计算内生变量 x_{lt}，$l=1$，…，d

的时变权重模型平均预测值 $\hat{x}_{tt}(w)$，然后用预测值 $\hat{x}_{tt}(w)$ 代替 x_{tt}，得到 β_t 的局部线性估计量。在第一阶段，考虑 M_T 个候选模型，第 m 个时变系数候选模型为 $x_{tt}=z_t^{(m)\prime}\psi_{tt}^{(m)}+v_{tt}^{(m)}$，$m=1$，…，$M_T$。得到第 m 个候选模型系数 $\psi_{tt}^{(m)}$ 的局部估计量 $\hat{\psi}_{tt}^{(m)}$ 和相应条件均值的刀切法估计 $z_t^{(m)\prime}\hat{\psi}_{tt}^{(m)}$。给定权重向量 $w=(w^1, \cdots, w^{M_T})'$，满足 $w^m\in[0, 1]$，$\sum_{m=1}^{M_T} w^m=1$，第 t 期 x_{tt} 的模型平均预测为 $\hat{x}_{tt}(w)=\sum_{m=1}^{M_T} w^m z_t^{(m)\prime}\hat{\psi}_{tt}^{(m)}$。通过最小化一个局部交叉验证残差平方和选择最优的时变权重向量 $\hat{w}_t$。在第二阶段，用 $\hat{x}_{tt}(w)$ 代替 x_{tt}，通过最小化加权残差平方和，得到 β_t 的局部线性估计量。接下来，我们将在一定假设下推导出上述 β_t 估计量的大样本性质。采用自回归 Sieve 自助法对时变系数进行统计推断（Friedrich 和 Lin，2022）。应用上述方法估计 Campbell 和 Mankiw 消费函数。

研究内容三：带有交互固定效应的时变系数面板模型的工具变量估计方法。

本部分考虑如下时变系数面板模型：

$y_{it}=x'_{it}\beta_t+\lambda'_iF_t+\varepsilon_{it}$，$i=1$，…，$n$

其中，y_{it} 是被解释变量，x_{it} 是 $p\times1$ 的解释变量，β_t 是 $p\times1$ 时变系数向量，F_t 是 $r\times1$ 的因子，λ_i 是 $r\times1$ 的因子载荷，ε_{it} 是误差项。与 Pesaran（2006）和 Bai（2009）假设 x_{it} 与 ε_{it} 满足严格外生关系不同，本部分假设 x_{it} 与 ε_{it} 是相关的。忽略 x_{it} 的内生性，将导致相应估计量是不相合的（Harding 和 Lamarche，2011；Moon 等，2018）。

工具变量可被用于解决 x_{it} 的内生性。Lee 等（2012）提出了一个估计带有测量误差动态面板模型的工具变量方法，即最小二乘最短距离（Least Square Minimum Distance，LS-MD）。Moon 等（2018）研究了用 LS-MD 估计带有交互固定效应的随机系数 Logit 需求模型，Moon 和 Weidner（2017）提出了估计带有交互固定效应的动态面板模型的 LS-MD 方法。Cardoso（2020）提出了带有交互固定效应面板模型的两步工具变量估计方法。然而，若模型结构随时间变化，上述文献提出的带有交互固定效应面板模型的工具变量估计量仍是不相合的。Cai 和 Li（2008）提出了一个变系数动态面板模型的非参 GMM 估计方法。Cai 等（2015）提出了部分变系数动态面板模型的三步估计方法。不同于 Cai 和 Li（2008）与 Cai 等（2015），本部分感兴趣于带有交互固定效应时变系数面板模型的工具变量估计问题。

假设存在工具变量 $z_{it}=(z_{1it}, \cdots, z_{Kit})'$。在工具变量的外生性方面，本部分施加一个较弱的假设，即给定因子结构，工具变量满足外生性。假设 $z_{jit}=\lambda'_{z,ji}F_t+e_{jit}$，$j=1, \cdots, K$，其中 e_{jit} 与 ε_{it} 无关。时变系数工具变量约简形模型为 $x_{jit}=z'_{it}\pi_{jt}+\lambda'_{ji}F_t+\nu_{jit}$，$j=1, \cdots, p$，其中 ν_{jit} 与 ε_{it} 相关。

本部分提出的工具变量估计方法由两个步骤组成：第一步，对π_{jt} 泰勒展开后，用轮廓法（Profile Method）估计得$\hat{\pi}_{jt}$、$\hat{F}_t$ 和 $\hat{\lambda}_{ji}$，计算得 x_{ji} 的工具变量估计量 $\hat{x}_{ji}=M_{\hat{F}}Z_i\hat{\Pi}_j$。第二步，用 $\hat{x}_{jit}$ 代替 x_{jit}，对 β_t 一阶泰勒展开后，通过最小化局部残差平方和，得到 β_t 的局部线性估计量 $\hat{\beta}_t$。

接下来，我们将在一定条件下推导出估计量 $\hat{\beta}_t$ 的大样本性质。并且，应用上述方法估计 Fama-French 五因子模型。

进一步研究的主要目标包括三个方面：

首先，提出内生变量时变系数的高维时变工具变量估计法和推断方法，并应用该方法实证分析菲利普斯曲线。

其次，提出内生变量时变系数的时变模型平均工具变量估计法和推断方法，并应用该方法估计 Campbell 和 Mankiw 消费函数。

最后，提出带有交互固定效应的时变系数面板模型的工具变量估计和推断方法，并应用该方法估计 Fama-French 五因子模型。

进一步研究拟解决的关键科学问题包括以下三个方面：

首先，当潜在工具变量维度很大时，如何用高维工具变量估计内生变量的时变系数？当内生变量与工具变量之间关系随时间变化时，如何从高维工具变量中筛选出与内生变量相关的工具变量？如何严格地证明在一定条件下内生变量时变系数估计量的渐近性质，并且构建对内生变量时变系数进行统计推断的置信域？此外，还要应用新提出的工具变量方法估计菲利普斯曲线。

其次，当工具变量与内生变量微弱相关时，如何估计内生变量的时变系数？用模型平均方法处理弱工具变量时，由于内生变量与工具变量之间的关系随时间变化，此时如何选取时变权重？如何严格地证明在一定假设下时变系数工具变量估计量的大样本性质？如何构建置信域对内生变量时变系数进行推断？应用新提出的方法估计 Campbell 和 Mankiw 消费函数。

最后，如何用工具变量法估计带有因子结构的时变系数面板模型？当工具变量与一些可以用因子结构描述的不可观测变量相关时，如何估计带有因子结构的时变系数约简形模型？如何严格证明在一定条件下时变系数工具变量估计量的渐近分布？如何构建置信域进行统计推断？应用新提出的方法估计 Fama-French 五因子模型。

进一步的研究方案主要集中于当工具变量维度很大或是弱工具变量时，如何用工具变量法估计具有时变结构的计量模型？当工具变量与不可观测的因子相关时，如何估计时变系数面板模型，并且提出对内生变量时变系数进行统计推断的方法？接下来，我们分别阐述这三个组成部分的研究方案及可行性分析。

第一部分提出了一个估计内生变量时变系数的高维时变工具变量估计量和推断方法。主要需要解决的问题包括如何从高维工具变量中筛选出相关工具变量？如何构造对内生变量时变系数进行统计推断的置信域？首先，借鉴 Su 等（2019）的做法，在稀疏假设下，我们用带 l_1 惩罚项的局部最小二乘方法筛选工具变量并估计内生变量的最优工具变量。在方法的实现方面，本部分采用坐标下降法求解带 l_1 惩罚项的目标函数。在时变系数工具变量估计量大样本性质的证明方面，Su 等（2019）给出了高维时变系数模型估计收敛速度的结论，在此基础上借鉴 Giraitis 等（2021）的思路，我们可以给出高维时变工具变量估计量的渐近性质证明。在得到内生变量时变系数的工具变量估计量后，借用 Friedrich 和 Lin（2022）的做法，我们用自回归 Sieve 自助法得到时变系数的置信域。假设结构模型误差项服从一个 p 阶自回归过程。Sieve 自助法由下面四步组成：第一步，用工具变量法估计结构模型。第二步，拟合 p 阶自回归模型，计算得到自回归模型的残差，有放回地从残差估计中抽取样本；由抽样残差可以计算得到结构模型的抽样误差项，进而可以计算得到抽样观测值。第三步，由抽样观测值得到内生变量时变系数的抽样估计。第四步，重复上述步骤 B 次，得到内生变量时变系数的置信域。实证研究菲利普斯曲线所需的通货膨胀数据和失业数据可以在国家统计局网站得到。找到的失业变化的潜在工具变量包括失业变化的大量滞后项。

第二部分提出了估计内生变量系数的时变模型平均工具变量估计量。问题的核心是由于内生变量与工具变量之间关系是时变的，用模型平均方法处理弱工具变量时如何选取时变权重。借鉴 Sun 等（2021）的做法，我们通过最小化局部交叉验证残差平方和选择时变权重。在交叉验证标准计算过程中，我们使用 Epanechnikov 核，基于经验法则选择带宽为 $2.34T^{-\frac{1}{5}}$，T 为时间。在时变系数模型平均工具变量估计量渐近性质的证明方面，由 Sun 等（2021）给出的时变系数模型平均估计量的收敛速度结论，我们可以得到内生变量最优工具变量估计量的收敛速度，进而可以证明时变模型平均工具变量估计量的大样本性质。使用与项目第一部分相同的 Sieve 自助法对内生变量的时变系数进行统计推断。实证研究 Campbell 和 Mankiw 消费函数用到的人均可支配收入数据和人均消费数据可以从国家统计局网站得到。借鉴 Campbell 和 Mankiw（1989），找到的人均可支配收入变化的工具变量为人均可支配收入变化的大量滞后项、人均消费变化的许多滞后项和三月期国库券利率变化的大量滞后项。目前已有的数值模拟尝试和初步结果都说明了本部分提出的时变模型平均工具变量估计量有较好的有限样本表现。

第三部分提出了估计带有交互固定效应的时变系数面板模型的工具变量估计方法。有待解决的问题包括当工具变量与不可观测的因子结构相关时，如何估计时变系数工具变量约简形模型？如何对内生变量时变系数进行统计推断？我们用轮廓估计方法估计本部分的工具变量约简形模型，并得到内生变量最优工具变量的估计。轮廓估计法由下面四步组成：第一步，给定因子的一个初始估计量，把因子载荷看成已知的，通过最小化一个局部残差平方和得到时变系数的一个局部线性估计量；第二步，把时变系数的局部线性估计量代入模型，通过最小化一个残差平方和可以得到因子载荷的估计；第三步，由因子载荷的估计，可以计算得到时变系数的估计；第四步，由时变系数和因子载荷的估计，更新因子的初始估计。用主成分法得到初始因子的估计。在局部线性估计中，可以采用 Epanechnikov 核，通过留一交叉验证选择带宽。用自助法得到内生变量时变系数的置信域。在时变系数工具变量估计量渐近性质的证明方面，借鉴 Liu 等（2018）的思路，我们可以证明内生变量最优工具变量估计量的收敛速度，进而可以证明时变系数工具变量估计量的大样本性质。在实证研究方面，我们使用 Fama 和 French（2017）的数据。此外，我们将积极进行国内外学术访问和参加学术会议，宣讲研究成果并听取专家建议，确保本部分研究可以顺利完成。

进一步研究的特色与创新之处主要包括以下几个方面：

第一部分提出了一个高维时变工具变量估计和推断方法。首先，本部分用高维时变约简形模型建立内生变量与工具变量之间的函数关系。该约简形模型不仅反映了时间序列数据结构变化的特征，而且允许潜在工具变量的维度可以很大，例如内生变量的大量滞后项都是潜在的工具变量。这弥补了已有高维工具变量文献（Belloni 等，2012；Kueck 等，2021）忽略模型结构变化的不足之处。其次，在工具变量估计的第一阶段，我们采用带 l_1 惩罚项的局部最小二乘方法从高维工具变量中筛选出与内生变量相关的工具变量。该方法可以得到时变系数的相合估计，同时 l_1 惩罚项可以帮助剔除与内生变量无关的工具变量。最后，Sieve 自助法可以得到内生变量时变系数的置信域。自回归 Sieve 自助法考虑了误差项的相关结构，同时工具变量解决了感兴趣变量的内生性问题，从而确保了推断结论的可靠性。

第二部分提出了一个时变模型平均工具变量估计和推断方法。首先，在工具变量法的第一阶段，我们采用的时变模型平均方法可以较好处理弱工具变量问题。一方面，时变模型平均方法通过给含有强工具变量的约简形模型较高的权重，而给含有弱工具变量的约简形模型较低的权重，从而提高了工具变量估计的表现；另一方面，有别于 Seng 和 Li（2021）提出的用不变权重模型平均处理弱工具变量的方法，本部分用时变权重计算的最优工具变量克服了 Seng 和 Li（2021）提出方法的不足之处，即 Seng 和 Li（2021）估计的最优工具变量在一个时期表现好，却在另一个时期表现差。其次，用自回归 Sieve 自助法得到了内生变量时变系数的可靠置信域。

第三部分提出了一个带有交互固定效应时变系数面板模型的工具变量估计方法。首先，在工具变量外生性方面，施加了一个较弱的假设，即允许工具变量与用因子结构描述的不可观测变量相关，而且考虑到面板数据可能存在的结构变化问题，本部分允许模型系数是时变的。这弥补了 Cardoso（2020）忽略模型结构变化的不足之处。其次，在工具变量法的第一阶段，我们采用的轮廓估计法可以得到工具变量约简形模型时变系数、因子和因子载荷的估计，进而可以得到内生变量最优工具变量的估计。最后，用 Wild 自助法得到内生变量时变系数的可靠置信域。

参考文献

[1] Abadie A. Semiparametric instrumental variable estimation of treatment response models [J]. Journal of Econometrics, 2003 (113): 231-263.

[2] Abrevaya J, Hsu Y C, Lieli R P. Estimating conditional average treatment effects [J]. Journal of Business and Economic Statistics, 2015 (33): 485-505.

[3] Alan A. Analysis of ordinal categorical data [M]. Florida: John Wiley & Sons, 2010.

[4] Altonji J G, Segal L M. Small sample bias in GMM estimation of covariance structures [J]. Journal of Business & Economic Statistics, 1996, 3 (14): 353-366.

[5] Amemiya T. The non-linear two-stage least squares estimator [J]. Journal of Econometrics, 1974 (2): 105-110.

[6] Andenson T W, Rubin H. Estimation of the parameters of single equation in a complete system of stochastic equations [J]. The Annals of Mathematical Statistics, 1949 (20): 46-63.

[7] Andrews D, Moreira M, Stock J. Optimal two-sided invariant similar tests for instrumental variables regression [J]. Econometrica, 2006 (74): 715-752.

[8] Angrist J D, Imbens G W, Rubin D B. Identification of causal effects using instrumental variables [J]. Journal of the American Statistical Association, 1996 (91): 444-471.

[9] Angrist J D, Imbens G W. Two-stage least squares estimation of average causal effects in models with variable treatment intensity [J]. Journal of the American Statistical Association, 1995 (90): 431-442.

[10] Angrist J, Krueger A. Does compulsory school attendance affect schooling and earnings? [J]. Quarterly Journal of Economics, 1991 (106): 979-1014.

[11] Antoine B, Boldea O. Efficient estimation with time-varying information and the new keynesian phillips Curve [J]. Journal of Econometrics, 2018, 204 (2): 268-300.

[12] Bai J, Ng S. Instrumental variable estimation in a data rich environment [J]. Econometric Theory, 2010 (26): 1577-1606.

[13] Bai J, Perron P. Estimating and testing linear models with multiple structural changes [J]. Econometrica, 1998: 47-78.

[14] Bai J, Ng S. Selecting instrumental variables in a data rich environment [J]. Journal of Time Series Econometrics, 2009, 1 (1).

[15] Baltagi B H, Feng Q, Kao C. Structural changes in heterogeneous panels with endogenous regressors [J]. Journal of Applied Econometrics, 2019, 34 (6): 883-892.

[16] Bekker P A. Alternative approximations to the distributions of instrumental variables estimators [J]. Econometrica, 1994 (63): 657-681.

[17] Belloni A, Chen D, Chernozhukov V, Hansen C. Sparse models and methods for optimal instruments with an application to eminent domain [J]. Econometrica, 2012 (80): 2369-2429.

[18] Belloni A, Chernozhukov V, Fernández-Val I, Hansen C. Program evaluation with high-dimensional data [J]. Econometrica, 2018 (85): 233-298.

[19] Belloni A, Chernozhukov V, Hansen C, Kozbur D. Inference in high dimensional panel models with an application to gun control [J]. Journal of Business & Economic Statistics, 2016, 34 (4): 590-605.

[20] Belloni A, Chernozhukov V, Hansen C. Inference on treatment effects after selection amongst high-dimensional controls [J]. The Review of Economic Studies, 2014 (81): 608-650.

[21] Belloni A, Chernozhukov V, Hansen C. Lasso methods for gaussian instrumental variables models [EB/OL]. arXiv: 1012.1297V2, 2011-2-23.

[22] Belloni A, Chernozhukov V, Kato K. Uniform post selection inference for LAD regression and other z-estimation problems [EB/OL]. arXiv:org/pdf/1304.0282V6, 2010-10-18.

[23] Belloni A, Chernozhukov V. Least squares after model selection in high dimensional sparse models [J]. Bernoulli, 2013 (19): 521-547.

[24] Boldea O, Hall A R. Estimation and inference in unstable nonlinear least squares models [J]. Journal of Econometrics, 2013, 172 (1): 158-167.

[25] Bratti M, Mendola M. Parental health and child schooling [J]. Journal of Health Economics, 2014 (35): 94-108.

[26] Breheny P. R. Package grpreg: Regularization paths for regression models with grouped covariates [EB/OL]. http: //cran. r-project. org/web/packages/grpreg/ index. Html, 2014.

[27] Bühlmann P, Sara V. Statistics for high dimensional data: Methods theory and applications [M]. Berlin: Springer, 2011.

[28] Cai Z, Chen L, Fang Y. Semiparametric estimation of partially varying-

coefficient dynamic panel data models [J]. Econometric Reviews, 2015, 34 (6-10): 695-719.

[29] Cai Z, Das M, Xiong H, Wu X. Functional coefficient instrumental variables models [J]. Journal of Econometrics, 2006 (133): 207-241.

[30] Cai Z, Li Q. Nonparametric estimation of varying coefficient dynamic panel data models [J]. Econometric Theory, 2008, 24 (5): 1321-1342.

[31] Campbell J Y, Mankiw N G. Consumption, income, and interest rates: Reinterpreting the time series evidence [J]. NBER macroeconomics annual, 1989 (4): 185-216.

[32] Carrasco M, Doukali M. Testing overidentifying restrictions with many instruments and heteroscedasticity using regularised jackknife IV [J]. The Econometrics Journal, 2022, 25 (1): 71-97.

[33] Carrasco M, Tchuente G. Regularized LIML for many instruments [J]. Journal of Econometrics, 2015, 2 (186): 427-442.

[34] Carrasco M. A regularization approach to the many instruments problem [J]. Journal of Econometrics, 2012 (170): 383-398.

[35] Casas I, Ferreira E, Orbe S. Time-varying coefficient estimation in SURE models. Application to portfolio management [J]. Journal of Financial Econometrics, 2021, 19 (4): 707-745.

[36] Chao J, Swanson N. Consistent estimation with a large number of weak instruments [J]. Econometrica, 2005 (73): 1673-1692.

[37] Chen B. Modeling and testing smooth structural changes with endogenous regressors [J]. Journal of Econometrics, 2015, 185 (1): 196-215.

[38] Chen J, Chen Z. Extended bayesian information criterion for model selection with large model space [J]. Biometrika, 2008 (94): 759-771.

[39] Chen J, Chen Z. Extended BIC for small-n-large-p sparse GLM [J]. Statistica Sinica, 2012 (22): 555-574.

[40] Cheng T, Dong C, Gao J, et al. GMM estimation for high-dimensional panel data models [J]. Available at SSRN 4107164, 2022.

[41] Chernozhukov V, Chetverikov D, Demirer M, Duflo E, Hansen C, Newey W, Robins J. Double/debiased machine learning for treatment and structural parameters [J]. The Econometrics Journal, 2018, 21 (1): 1-68.

[42] Chernozhukov V, Hansen C, Spindler M. Post-selection and post-regularization inference in linear models with many controls and instruments [J]. American Economic Review: Papers & Proceedings, 2015 (105): 486-490.

[43] Das M. Instrumental variables estimators of nonparametric models with discrete endogenous regressors [J]. Journal of Econometrics, 2005 (124): 335-361.

[44] Davidson R, James G M. The case against JIVE [J]. Journal of Applied Econometrics, 2006, 6 (21): 827-833.

[45] De la Pena V H, Lai T, Shao Q. Self-normalized processes, probability and its applications [M]. Berlin: Springer, 2009.

[46] Dendramis Y, Giraitis L, Kapetanios G. Estimation of time-varying covariance matrices for large datasets [J]. Econometric Theory, 2021, 37 (6): 1100-1134.

[47] Donald S G, Newey W. Choosing the number of instruments [J]. Econometrica, 2001 (69): 1161-1191.

[48] Donohue Ⅲ J J, Levitt S D. The Impact of legalized abortion on crime [J]. Quarterly Journal of Economics, 2001 (116): 379-420.

[49] Doran H E, Schmidt P. GMM estimators with improved finite sample

properties using principal components of the weighting matrix with an application to the dynamic panel data model [J]. Journal of Econometrics, 2006, 1 (133): 387-409.

[50] Ertefaie A, Small D S, Rosenbaum P R. Quantitative evaluation of the trade-off of strengthened instruments and sample size in observational studies [J]. Journal of the American Statistical Association, 2018, 113 (523): 1122-1134.

[51] Fama E F, French K R. International tests of a five-factor asset pricing model [J]. Journal of financial Economics, 2017, 123 (3): 441-463.

[52] Fan J, Feng Y, Song R. Nonparametric independence screening in sparse ultra high dimensional additive models [J]. Journal of the American Statistical Association, 2011, 106 (494): 544-557.

[53] Fan J, Li R. Variable selection via nonconcave penalized likelihood and its oracle properties [J]. Journal of the American Statistical Association, 2001 (96): 1348-1360.

[54] Fan Q, Zhong W. Nonparametric additive instrumental variable estimator: A group shrinkage estimation perspective [J]. Journal of Business and Economic Statistic, 2018 (36): 388-399.

[55] Farrell M. Robust inference on average treatment effects with possibly more covariates than observations [J]. Journal of Econometrics, 2015 (174): 1-23.

[56] Flores L A. Finite sample evidence of IV estimators under weak instruments [J]. Journal of Applied Econometrics, 2007, 22 (3): 677-694.

[57] Frankel J, Romer D. Does trade cause growth? [J]. American Economic Review, 1999 (89): 379-399.

[58] Friedrich M, Lin Y. Sieve bootstrap inference for linear time-varying co-

efficient models [J]. Journal of Econometrics, 2022.

[59] Frölich M. Nonparametric IV estimation of local average treatment effects with covariates [J]. Journal of Econometrics, 2007, 139 (1): 35-75.

[60] Fu Z, Hong Y, Wang X. Testing for structural changes in large dimensional factor models via discrete Fourier transform [J]. Journal of Econometrics, 2022.

[61] Galbraith J W, Zinde-Walsh V. Simple and reliable estimators of coefficients of interest in a model with high-dimensional confounding effects [J]. Journal of Econometrics, 2020, 2 (218): 609-632.

[62] Galvao A B, Giraitis L, Kapetanios G, et al. A time varying DSGE model with financial frictions [J]. Journal of Empirical Finance, 2016 (38): 690-716.

[63] Giraitis L, Kapetanios G, Marcellino M. Time-varying instrumental variable estimation [J]. Journal of Econometrics, 2021, 224 (2): 394-415.

[64] Giraitis, L, Kapetanios, G, Yates, T. Inference on stochastic time-varying coefficient models [J]. Journal of Econometrics, 2014 (179): 46-65.

[65] Guo Z, Kang H, Cai T, Small D S. Testing endogeneity with high dimensional covariates [J]. Journal of Econometrics, 2018, 207 (1): 175-187.

[66] Hahn J Y, Hausman J, Guido K. Estimation with weak instruments: Accuracy of higher order bias and MSE approximations [J]. The Econometrics Journal, 2004, 1 (7): 272-306.

[67] Hall A R, Han S, Boldea O. Inference regarding multiple structural changes in linear models with endogenous regressors [J]. Journal of Econometrics, 2012, 170 (2): 281-302.

[68] Hall A R, Inoue A, Jana K, et al. Information in generalized method of moments estimation and entropy-based moment selection [J]. Journal of Economet-

rics, 2007, 138 (2): 488-512.

[69] Hall A R, Peixe F P M. A consistent method for the selection of relevant instruments [J]. Econometric Reviews, 2003, 22 (3): 269-287.

[70] Hansen C, Kozbur D. Instrumental variables estimation with many weak instruments using regularized JIVE [J]. Journal of Econometrics, 2014 (182): 290-308.

[71] Harding M, Hausman J, Palmer C J. Finite sample bias corrected IV estimation for weak and many instruments [J]. Essays in Honor of Aman Ullah, 2015 (36): 245-273.

[72] Hausman J, Newey W, Woutersen T, Chao J, Swanson N. Instrumental variable estimation with heteroskedasticity and many instruments [J]. Quantitative Economics, 2012 (3): 211-255.

[73] Heckman J J. Dummy endogenous variables in a simultaneous equation system [J]. Econometrica, 1978 (46): 931-959.

[74] Heckman J, Ichimura H, Smith J, Todd P. Characterizing selection bias using experimental data [J]. Econometrica, 1998 (66): 1017-1098.

[75] Hill R C, Waters M S. Estimation of a simultaneous equations model with an ordinal endogenous variable: The extent of teacher bargaining and the state legal environment [J]. Journal of Economics and Finance, 1995 (19): 45-63.

[76] Hirano K, Imbens G W, Ridder G. Efficient estimation of average treatment effects using the estimated propensity score [J]. Econometrica, 2003, 71 (4): 1161-1189.

[77] Huang J, Horowitz J, Wei F. Variable selection in nonparametric additive models [J]. The Annals of Statistics, 2010, 38 (4): 2282-2313.

[78] Imbens G W, Rubin D B. Causal inference for statistics, social and bio-

medical sciences: An introduction [M]. New York: Cambridge University Press, 2015.

[79] Imbens G W. Nonparametric estimation of average treatment effects under exogeneity: A review [J]. The Review of Economics and Statistics, 2004 (86): 4-29.

[80] Inoue A, Jin L, Pelletier D. Local-linear estimation of time-varying-parameter GARCH models and associated risk measures [J]. Journal of Financial Econometrics, 2021, 19 (1): 202-234.

[81] Jiao F R. High dimensional inference of ordinal data with medical applications [D]. University of Iowa, 2016.

[82] Jing B, Shao Q, Wang Q. Self normalized cramer-type large deviations for independent random variables [J]. Annals of Probability, 2003, 31 (4): 2167-2215.

[83] Kang H, Zhang A, Cai T T, Small D S. Instrumental variables estimation with some invalid instruments and its application to mendelian randomization [J]. Journal of the American Statistical Association, 2016 (111): 132-144.

[84] Kapetanios G, Marcellino M. Cross-sectional averaging and instrumental variable estimation with many weak instruments [J]. Economics Letters, 2010, 1 (108): 36-39.

[85] Kapetanios G, Marcellino M. Factor-GMM estimation with large sets of possibly weak instruments [J]. Computational Statistics & Data Analysis, 2010, 11 (54): 2655-2675.

[86] Kapetanios G, Zikes F. Time-varying lasso [J]. Economics Letters, 2018 (169): 1-6.

[87] Kapetanios G. Choosing the optimal set of instruments from large instru-

ment sets [J]. Computational Statistics & Data Analysis, 2006, 2 (51): 612-620.

[88] Kim S, Zhao Z, Xiao Z. Efficient estimation for time-varying coefficient longitudinal models [J]. Journal of Nonparametric Statistics, 2018, 30 (3): 680-702.

[89] Kloek T, Mennes L B M. Simultaneous equations estimation based on principal components of predetermined variables [J]. Econometrica, 1960 (28): 45-61.

[90] Kozbur D. Inference in additively separable models with a high-dimensional set of conditioning variables [J]. Journal of Business & Economic Statistics, 2020 (1): 1-17.

[91] Krieger J, Higgins D L. Housing and health: time again for public health action [J]. American Journal of Public Health, 2002, 92 (5): 758-768.

[92] Kueck J, Luo Y, Spindler M, et al. Estimation and inference of treatment effects with L2-boosting in high-dimensional settings [J]. Journal of Econometrics, 2022.

[93] Kuersteiner G, Okui R. Constructing optimal instruments by first-stage prediction averaging [J]. Econometrica, 2010, 78 (2): 697-718.

[94] Kwon S, Kim Y. Large sample properties of the SCAD-penalized maximum likelihood estimation on high dimensions [J]. Statistica Sinica, 2012 (22): 629-653.

[95] Leeb H, Pötscher B M. Can one estimate the unconditional distribution of post-model-selection estimators? [J]. Econometric Theory, 2008 (24): 338-376.

[96] Leeb H, Pötscher B M. Recent developments in model selection and relat-

ed areas [J]. Econometric Theory, 2008 (24): 319-322.

[97] Li D, Chen J, Gao J. Non-parametric time-varying coefficient panel data models with fixed effects [J]. The Econometrics Journal, 2011, 14 (3): 387-408.

[98] Li D, Phillips P C B, Gao J. Kernel-based inference in time-varying coefficient cointegrating regression [J]. Journal of Econometrics, 2020, 215 (2): 607-632.

[99] Liang X, Gao J, Gong X. Time-varying coefficient spatial autoregressive panel data model with fixed effects [EB/OL]. Available at SSRN 3484289, 2019.

[100] Lin W, Feng R, Li H. Regularization methods for high-dimensional instrumental variables regression with an application to genetical genomics [J]. Journal of the American Statistical Association, 2015 (110): 270-288.

[101] Liu F, Gao J, Yang Y. Time-Varying Panel Data Models with an Additive Factor Structure [EB/OL]. Available at SSRN 3729869, 2020.

[102] Liu F. Nonparametric time-varying panel data models with heterogeneity [EB/OL]. Available at SSRN 3743529, 2020.

[103] Mikusheva A, Sun L Y. Inference with many weak instruments [EB/OL]. arXiv: 2004.12445, 2020.

[104] Mont D, Nguyen C. Does parental disability matter to child education? Evidence from Vietnam [J]. World Development, 2013 (48): 88-107.

[105] Moon H R, Shum M, Weidner M. Estimation of random coefficients logit demand models with interactive fixed effects [J]. Journal of Econometrics, 2018, 206 (2): 613-644.

[106] Moon H R, Weidner M. Dynamic linear panel regression models with interactive fixed effects [J]. Econometric Theory, 2017, 33 (1): 158-195.

[107] Newey W K, Smith R J. Higher order properties of GMM and generalized empirical likelihood estimators [J]. Econometrica, 2004 (72): 219-255.

[108] Newey W. Efficient instrumental variables estimation of nonlinear models [J]. Econometrica, 1990 (58): 809-837.

[109] Norkutė M, Sarafidis V, Yamagata T, et al. Instrumental variable estimation of dynamic linear panel data models with defactored regressors and a multifactor error structure [J]. Journal of Econometrics, 2021, 220 (2): 416-446.

[110] Ogburn E L, Rotnitzky A, Robins J M. Doubly robust estimation of the local average treatment effect curve [J]. Journal of the Royal Statistical Society Series B, 2015, 77 (2): 373-396.

[111] Okui R. Instrumental variable estimation in the presence of many moment conditions [J]. Journal of Econometrics, 2011 (165): 70-86.

[112] Rinaldo A, Larry W, Max G S. Bootstrapping and sample splitting for high dimensional assumption-lean inference [J]. Annals of Statistics, 2018, 6 (47): 3438-3469.

[113] Robins J M, Li L L, Mukherjee R, Tchetgen E, Aad van der V. Minimax estimation of a functional on a structured high-dimensional model [J]. Annals of Statistics, 2017, 5 (45): 1951-1987.

[114] Sara van de G, Zhou S H, Buhlmann P. Prediction and variable selection with the adaptive lasso [EB/OL]. arXiv: 1001.5176, 2010.

[115] Sargan J D. The estimation of economic relationships using instrumental variables [J]. Econometrica, 1958 (26): 393-415.

[116] Schwartz G. Estimating the dimension of a model [J]. The Annals of Statistics, 1978, 6 (2): 461-464.

[117] Semykinav A, Wooldridge J M. Estimating panel data models in the

presence of endogeneity and selection [J]. Journal of Econometrics, 2010, 2 (157): 375-380.

[118] Seng L, Li J. Structural Equation Model Averaging: Methodology and Application [J]. Journal of Business & Economic Statistics, 2022, 40 (2): 815-828.

[119] Shea J. Instrument relevance in multivariate linear models: A simple measure [J]. Review of Economics and Statistics, 1997, 79 (2): 348-352.

[120] Small D. Inference and model selection for instrumental variables regression [M]. California: Stanford University, 2002.

[121] Staiger D, Stock J. Instrumental variables regression with weak instruments [J]. Econometrica, 1997, 65 (3): 557-586.

[122] Stock J H, Jonathan H W, Motohiro Y. A survey of weak instruments and weak identification in generalized method of moments [J]. Journal of Business and Economic Statistics, 2002, 4 (20): 518-529.

[123] Stock J H, Yogo M. Testing for weak instruments in linear IV regression [M]. Cambridge: Cambridge University Press, 2005.

[124] Stone C. Additive regression and other nonparametric models [J]. The Annals of Statistics, 1985, 13 (2): 689-705.

[125] Su L, Ura T, Zhang Y. Non-separable models with high-dimensional data [J]. Journal of Econometrics, 2019, 212 (2): 646-677.

[126] Sun A, Yao Y. Health shocks and children' s school attainments in rural China [J]. Economics of Education Review, 2010, 29 (3): 375-382.

[127] Sun Y, Hong Y, Lee T H, et al. Time-varying model averaging [J]. Journal of Econometrics, 2021, 222 (2): 974-992.

[128] Sun Y, Hong Y, Wang S, et al. Penalized time-varying model avera-

ging [J]. Journal of Econometrics, 2022.

[129] Sun Y, Zhang J, Li X, et al. Forecasting tourism demand with a new time-varying forecast averaging approach [J]. Journal of Travel Research, 2023, 62 (2): 305-323.

[130] Tibshirani R. Regression shrinkage and selection via lasso [J], Journal of The Royal Statistical Society Series B-statistical Methodology, 1996 (58): 267-288.

[131] Wager S, Du W F, Taylor J, Robert J T. High-dimensional regression adjustments in randomized experiments [J]. Proceedings of the National Academy of Sciences, 2016, 45 (113): 12673-12678.

[132] Wang H, Li R, Tsai C L. Tuning parameter selectors for the smoothly clipped absolute deviation method [J]. Biometrika, 2007 (94): 553-568.

[133] Wang J S, He X M, Xu G J. Debiased inference on treatment effect in a high dimensional model [J]. Journal of the American Statistical Association, 2020, 529 (115): 442-454.

[134] Wang M Q, Tian G L. Adaptive group Lasso for high-dimensional generalized linear models [J]. Statistical Papers, 2017, 60 (5): 1469-1486.

[135] Wooldridge J M. Quasi-maximum likelihood estimation and testing for nonlinear models with endogenous explanatory variables [J]. Journal of Econometrics, 2014 (182): 226-234.

[136] Xu X Y, Li X J, Zhang J X. Regularization methods for high dimensional sparse control function models [J]. Journal of Statistical Planning and Inference, 2019 (206): 111-126.

[137] Yan Y, Gao J, Peng B. On time-varying VAR models: Estimation, testing and impulse response analysis [EB/OL]. arXiv: 2111.00450, 2021.

[138] Yousuf K, Ng S. Boosting high dimensional predictive regressions with time varying parameters [J]. Journal of Econometrics, 2021, 224 (1): 60-87.

[139] Yuan M, Lin Y. Model selection and estimation in regression with grouped variables [J]. Journal of the Royal Statistical Society, Series B, 2006 (68): 49-67.

[140] Zhong W, Zhou W, Fan Q L, Gao Y. Dummy endogenous treatment effect estimation using high dimensional instrumental variable [EB/OL]. http://dx.doi.org/10.2 139/ssrn.3604864, 2021.

[141] Ziliak J P. Efficient estimation with panel data when instruments are predetermined: an empirical comparison of moment-condition estimators [J]. Journal of Business & Economic Statistics, 1997, 4 (15): 419-431.

[142] Zou H. The adaptive lasso and its oracle properties [J]. Journal of the American Statistical Association, 2006 (101): 1418-1429.

[143] 方颖，赵扬. 寻找制度的工具变量：估计产权保护对中国经济增长的贡献 [J]. 经济研究, 2011 (5): 138-148.

[144] 封进，余央央. 中国农村的收入差距与健康 [J]. 经济研究，2007 (1): 79-88.

[145] 高梦滔，姚洋. 健康风险冲击对农户收入的影响 [J]. 经济研究，2005 (12): 15-25.

[146] 胡毅，王美今. IV 估计的最优工具变量选取方法 [J]. 数量经济技术经济研究, 2011, 28 (7): 122-136.

[147] 李坤明，方丽婷. 空间滞后分位数回归模型的工具变量估计及参数检验 [J]. 统计研究, 2018, 35 (10): 103-115.

[148] 刘国恩，William H D，傅正泓. 中国的健康人力资本与收入增长 [J]. 经济学（季刊）, 2004, 4 (1): 101-118.

［149］刘汉中. 基于主成分分析的两阶段最小二乘估计研究［J］. 数量经济技术经济研究，2019（6）：135-151.

［150］钱海章，陶云清，曹松威. 中国数字金融发展与经济增长的理论与实证［J］. 数量经济技术经济研究，2020，37（6）：26-46.

［151］王美今，余壮雄. IV 估计的大样本性质——基于二维参数空间的研究［J］. 数量经济技术经济研究，2007，24（7）：143-152.

［152］魏众. 健康对非农就业及其工资决定的影响［J］. 经济研究，2004（2）：64-74.

［153］杨继生，王少平，艾春荣. 工具变量法综列单位根检验的有偏性及其修正［J］. 数量经济技术经济研究，2006，23（2）：138-147.

［154］张卫东. 线性模型中的测量误差问题与工具变量方法［J］. 统计与决策，2008（8）：37-38.

［155］郑挺国，刘堂勇. 股市波动溢出效应及其影响因素分析［J］. 经济学（季刊），2018，17（2）：669-692.

后　记

亲爱的读者：

在本书的主要部分，我们讨论了用高维工具变量和高维控制变量估计内生处理效应的新方法。本书提出的内生处理效应估计方法允许处理变量可以是连续的、二元的，甚至是有序的。

在本书的撰写过程中，我们经历了许多挑战和困难，但也获得了很多宝贵的经验和教训。我们感谢那些给予我们指导和支持的人，他们的专业知识和鼓励是我们完成这本书的重要动力。

在这本书中，我们努力总结了现有研究的进展，并提出了新的思考和方法。我们希望这本书能够为读者提供新的视角和思考，激发更多有关内生处理效应的研究和探索。

同时，我们也意识到本书的研究领域仍然存在许多未解之谜和待研究的问题。我们鼓励读者在这一领域中继续深入研究，挖掘更多的方法和应用，以推动学术界对内生处理效应的理解和认识。

最后，我们要感谢每一位读者的阅读和支持。您的反馈和意见对我们来说非常重要，我们期待听到您对本书的看法和建议。希望我们能够与您保持联系，继续探讨和分享有关内生处理效应的知识和发现。

再次向您表示由衷的感谢，并致以最美好的祝福。

高扬

2023 年 9 月